PSICOLOGIA DA EVOLUÇÃO
POSSÍVEL AO HOMEM

COLEÇÃO
GANESHA

P. D. OUSPENSKY

PSICOLOGIA DA EVOLUÇÃO
POSSÍVEL AO HOMEM

Editora
Pensamento
SÃO PAULO

Título do original em francês: *L'Homme et son évolution possible.*

Título do original em inglês: *The Psychology of Man's Possible Evolution.*

Copyright © Tatiana Nagro.

Copyright © 1981 Editora Pensamento-Cultrix Ltda.

1ª edição 1981.

19ª reimpressão 2024.

Todos os direitos reservados. Nenhuma parte deste livro pode ser reproduzida ou usada de qualquer forma ou por qualquer meio, eletrônico ou mecânico, inclusive fotocópias, gravações ou sistema de armazenamento em banco de dados, sem permissão por escrito, exceto nos casos de trechos curtos citados em resenhas críticas ou artigos de revistas.

A Editora Pensamento não se responsabiliza por eventuais mudanças ocorridas nos endereços convencionais ou eletrônicos citados neste livro.

Traduzido por Eleonora Leitão de Carvalho com a colaboração de membros da Sociedade para o Estudo e Pesquisa do Homem — Instituto Gurdjieff. (Caixa Postal 1571, Rio de Janeiro).

Direitos de tradução para a língua portuguesa, adquiridos com exclusividade pela
EDITORA PENSAMENTO-CULTRIX LTDA.
Rua Dr. Mário Vicente, 368 – 04270-000 – São Paulo, SP – Fone: (11) 2066-9000
E-mail: atendimento@editorapensamento.com.br
http://www.editorapensamento.com.br
que se reserva a propriedade literária desta tradução.
Foi feito o depósito legal.

SUMÁRIO

Introdução	1
PRIMEIRA CONFERÊNCIA	3
SEGUNDA CONFERÊNCIA	23
TERCEIRA CONFERÊNCIA	41
QUARTA CONFERÊNCIA	53
QUINTA CONFERÊNCIA	67

INTRODUÇÃO

Durante anos recebi numerosas cartas de meus leitores. Todos perguntavam-me *o que tinha feito depois de escrever meus livros*, publicados em inglês em 1920 e 1931, mas redigidos desde 1910 e 1912.

Nunca podia responder a essas cartas. Só para tentar fazê-lo, necessitaria de livros inteiros. Porém, quando meus correspondentes moravam em Londres, onde me instalara em 1921, organizava, em sua intenção, ciclos de conferências, nas quais tentava responder às suas perguntas. Explicava-lhes o que descobrira depois de haver escrito meus dois livros e em que direção se engajara o meu trabalho.

Em 1934 escrevi cinco conferências preliminares que davam uma idéia geral do objeto de meus estudos, bem como das linhas de trabalho que seguia comigo determinado número de pessoas. Reunir tudo isso numa única conferência e mesmo em duas ou três era totalmente impossível; por isso, advertia sempre ser inútil assistir a uma ou duas conferências, mas serem necessárias no mínimo cinco, ou talvez dez, para se ter uma idéia da orientação do meu trabalho. Essas conferências continuaram desde então e, durante todo esse período, corrigi-as e reescrevi-as várias vezes.

No conjunto, achei essa organização geral satisfatória. Liam-se cinco conferências, estando eu presente, ou então ausente.

Os ouvintes podiam fazer perguntas e, se tentavam seguir os conselhos e indicações que lhes eram dados — e que diziam respeito sobretudo à observação de si e a certa disciplina interior —, adquiriam rapidamente, pela prática, uma compreensão mais do que suficiente do que eu fazia.

É claro que sempre reconheci não serem cinco conferências o bastante e, nas conversações seguintes, retomava os dados preliminares para desenvolvê-los, tentando fazer ver aos ouvintes sua própria posição diante do *novo conhecimento*.

Tornou-se evidente para mim que, para muitos dentre eles, a principal dificuldade era dar-se conta de que tinham realmente ouvido *coisas novas*, quero dizer, coisas que nunca tinham ouvido antes.

Sem confessá-lo a si mesmos, tentavam sempre negar em pensamento a novidade do que tinham ouvido e esforçavam-se, qualquer que fosse o assunto, em retraduzir tudo em sua linguagem habitual. Naturalmente, não podia levar isso em conta.

Sei que não é fácil reconhecer que estamos ouvindo *coisas novas*. Estamos de tal maneira habituados às velhas cantigas, aos velhos refrões, que há muito deixamos de esperar, deixamos até de crer que possa existir alguma coisa nova.

E, quando ouvimos formular idéias novas, tomamo-las por velhas idéias ou pensamos que podem ser explicadas ou interpretadas com o auxílio de velhas idéias. De fato, é tarefa árdua compreender a possibilidade e a necessidade de idéias realmente novas; isso requer tempo e revisão de todos os valores correntes.

Não posso assegurar que, desde o início, encontrarão aqui idéias novas, isto é, idéias das quais nunca tenham ouvido falar. Mas, se tiverem paciência, não tardarão a notá-las, e desejo-lhes, então, que não as deixem escapar e cuidem para não interpretá-las da velha maneira.

Nova Iorque, 1945.

PRIMEIRA CONFERÊNCIA

Vou falar do estudo da psicologia, mas devo preveni-los de que a psicologia a que me refiro é muito diferente do que possam conhecer por esse nome.

Antes de tudo, devo dizer que nunca, no curso da história, a psicologia se encontrou em *nível tão baixo*. Perdeu todo contato com sua *origem* e todo o seu *sentido*, a tal ponto que hoje é difícil definir o termo "psicologia", isto é, precisar o que é a psicologia e o que ela estuda. E isto, apesar de, no curso da história, jamais se ter visto tantas teorias psicológicas nem tantos livros sobre psicologia.

A psicologia é, às vezes, chamada uma ciência nova. Nada mais falso. Ela é, talvez, a *ciência mais antiga*; infelizmente, em seus aspectos essenciais, é uma *ciência esquecida*.

Como definir a psicologia? Para compreender isso, é preciso dar-se conta de que, exceto nos tempos modernos, a psicologia jamais existiu com seu próprio nome. Por vários motivos, sempre foi suspeita de apresentar tendências falsas e subversivas, de caráter religioso, político ou moral, e sempre teve que se ocultar sob diferentes disfarces.

Durante milênios, a psicologia existiu com o nome de filosofia. Na Índia, todas as formas de *Ioga*, que são essencialmente psicologia, são descritas como um dos seis sistemas de filosofia. *Os ensinamentos sufis*, que são, antes de tudo, de ordem psicológica, são considerados em parte religiosos, em parte metafísicos. Na Europa, até pouco tempo atrás, nos últimos anos do século XIX, muitas obras de psicologia eram citadas como obras de "filosofia". E embora quase todas as subdivisões da filosofia, tais como a lógica, a teoria do conhecimento, a ética e a estética, refiram-se ao trabalho do pensamento humano ou ao dos sentidos, considerava-se a psicologia inferior à filosofia e relacionada somente com os aspectos mais baixos ou mais triviais da natureza humana.

Ao mesmo tempo que subsistia com o nome de filosofia, a psicologia permaneceu por mais tempo ainda associada a uma ou outra religião. Isso não significa que religião e psicologia jamais tenham sido uma única e mesma coisa, nem que a relação entre religião e psicologia tenha sido sempre reconhecida. Mas não há dúvida de que quase todas as religiões conhecidas — evidentemente não falo das pseudo-religiões modernas — desenvolveram esta ou aquela espécie de ensinamento psicológico, acompanhado, muitas vezes, de certa prática, de modo que freqüentemente o estudo da religião comportava, já por si mesmo, o da psicologia.

Na literatura religiosa mais ortodoxa de diferentes países e diversas épocas encontram-se excelentes obras sobre psicologia. Por exemplo, esta compilação de autores que datam dos primeiros tempos do cristianismo e que se conhece pelo título geral de *Philokalia*, livros que ainda hoje estão em uso na igreja oriental, onde são reservados principalmente para a instrução dos monges.

No tempo em que a psicologia estava ligada à filosofia e à religião, ela existia também sob a forma de Arte. Poesia, Tragédia, Escultura, Dança, a própria Arquitetura, eram meios de transmissão do conhecimento psicológico. Certas catedrais góticas, por exemplo, eram essencialmente tratados de psicologia.

Na antiguidade, antes que a filosofia, a religião e a arte adotassem as formas independentes sob as quais as conhecemos hoje, a psicologia encontrava sua expressão nos *Mistérios*, tais como os do Egito e da Grécia antiga.

Mais tarde, desaparecidos os Mistérios, a psicologia sobreviveu a eles sob a forma de *ensinamentos simbólicos*, que ora se encontravam ligados à religião da época, ora não, tais como a Astrologia, a Alquimia, a Magia e, entre os mais modernos, a Maçonaria, o Ocultismo e a Teosofia.

Aqui é indispensável observar que todos os sistemas e doutrinas psicológicos, tanto os que existiram ou existem abertamente, como aqueles que permaneceram ocultos ou disfarçados, podem dividir-se em duas categorias principais.

Primeira: as doutrinas que estudam o homem *tal como o encontram ou tal como o supõem ou imaginam*. A "psicologia científica" moderna, ou o que se conhece por esse nome, pertence a essa categoria.

Segunda: as doutrinas que estudam o homem não do ponto de vista do que ele é ou parece ser, mas do ponto de vista do que ele pode chegar a ser, ou seja, do ponto de vista de sua *evolução possível*.

Estas últimas são, na realidade, as doutrinas originais ou, em todo caso, as mais antigas e as únicas que podem fazer compreender a origem esquecida da psicologia e sua significação.

Quando tivermos reconhecido como é importante, no estudo do homem, o ponto de vista de sua *evolução possível*, compreenderemos que a primeira resposta à pergunta: o que é psicologia? deveria ser: psicologia é o estudo dos princípios, leis e fatos relativos à evolução possível do homem.

Nestas conferências, colocar-me-ei exclusivamente em tal ponto de vista. Nossa primeira pergunta será: o que significa a evolução do homem? E a segunda: ela exige condições especiais?

Devo dizer, antes de tudo, que não poderíamos aceitar as concepções modernas sobre a origem do homem e sua evolução passada. Devemos dar-nos conta de que nada sabemos sobre essa origem e de que carecemos de qualquer prova de uma evolução física ou mental do homem.

Muito ao contrário, se tomarmos a humanidade histórica, isto é, a dos dez ou quinze mil últimos anos, podemos encontrar sinais inconfundíveis de um tipo superior de humanidade, cuja presença pode ser demonstrada por múltiplos testemunhos e monumentos da antiguidade, os quais os homens atuais seriam incapazes de recriar ou imitar.

Quanto ao "homem pré-histórico" ou a essas criaturas de aspecto semelhante ao homem e, todavia, tão diferentes dele, cujos ossos se encontram, às vezes, em depósitos do período glacial ou pré-glacial, podemos aceitar a idéia muito plausível de que essas ossadas pertenciam a um ser bem distinto do homem, desaparecido há muito tempo.

Ao negar a evolução passada do homem, devemos recusar-lhe toda possibilidade de uma evolução *mecânica futura*, isto é, de uma evolução que se operaria por si só, segundo as leis da hereditariedade e da seleção, sem esforços conscientes por parte do homem e sem que este tenha compreendido sequer a possibilidade de sua evolução.

Nossa idéia fundamental é a de que o homem, tal qual o conhecemos, *não é um ser acabado*. A natureza o desenvolve até certo ponto e logo o abandona, deixando-o prosseguir em seu desenvolvimento por seus próprios esforços e sua própria iniciativa, ou viver e morrer tal como nasceu, ou, ainda, degenerar e perder a capacidade de desenvolvimento.

No primeiro caso, a evolução do homem significará o desenvolvimento de certas qualidades e características interiores que habitualmente permanecem embrionárias *e que não podem se desenvolver por si mesmas*.

A experiência e a observação mostram que esse desenvolvimento só é possível em condições bem definidas, que exige esforços especiais por parte do próprio homem, e uma *ajuda suficiente* por parte daqueles que, antes dele, empreenderam um trabalho da mesma ordem e chegaram a um certo grau de desenvolvimento ou, pelo menos, a um certo conhecimento dos métodos.

Devemos partir da idéia de que sem esforços a evolução é impossível e de que, sem ajuda, é igualmente impossível.

Depois disso, devemos compreender que, no caminho do desenvolvimento, o homem deve tornar-se um *ser diferente* e devemos estudar e conceber de que modo e em que direção deve o homem converter-se num ser diferente, isto é, o que significa um ser diferente.

Depois, devemos compreender que nem *todos* os homens podem desenvolver-se e tornar-se seres diferentes. A evolução é questão de esforços pessoais e, em relação à massa da humanidade, continua a ser exceção rara. Isso talvez possa parecer estranho, mas devemos dar-nos conta não só de que a evolução é rara, *mas também que se torna cada vez mais rara.*

Isso, naturalmente, provoca numerosas perguntas:

Que significa esta frase: "No caminho da evolução o homem deve tornar-se um ser diferente"?

O que quer dizer "um ser diferente"?

Quais são essas qualidades e características interiores que podem ser desenvolvidas no homem e como chegar até elas?

Por que nem todos os homens podem desenvolver-se e tornar-se seres diferentes? Por que semelhante injustiça?

Tentarei responder a essas perguntas, começando pela última.

Por que nem todos os homens podem desenvolver-se e tornar-se seres diferentes?

A resposta é muito simples. *Porque não o desejam.* Porque nada sabem a respeito e ainda que se lhes diga, não o compreenderão antes de uma longa preparação.

A idéia essencial é que, para tornar-se um *ser diferente*, o homem deve desejá-lo intensamente e por muito tempo. Um desejo passageiro ou vago, nascido de uma insatisfação no que diz respeito às condições exteriores, não criará um impulso suficiente.

A evolução do homem depende de sua compreensão do que pode adquirir e do que deve *dar* para isso.

Se o homem não o desejar, ou *não o desejar com bastante intensidade* e não fizer os esforços necessários, jamais se desenvolverá. Não há, pois, injustiça alguma nisso. Por que haveria de ter o homem o que não deseja? Se o homem fosse forçado a tornar-se um ser diferente, quando está satisfeito com o que é, aí sim, haveria injustiça.

Perguntemo-nos, agora, o que significa um *ser diferente.* Se examinarmos todos os dados que podemos reunir sobre essa questão, encontraremos sempre a afirmação de que, ao tornar-se um ser diferente, o homem adquire numerosas qualidades novas e poderes que antes não possuía. Essa afirmação é comum a todas as doutrinas que admitem a idéia de um crescimento interior do homem.

Isso, porém, não basta. As descrições, ainda que as mais detalhadas, desses novos poderes não nos ajudarão de modo algum a compreender como aparecem nem de onde vêm.

Falta um elo nas teorias geralmente admitidas, mesmo naquelas de que acabo de falar e que têm por base a idéia da possibilidade de uma evolução do homem.

A verdade é que antes de adquirir *novas* faculdades ou *novos* poderes, que não conhece e ainda não possui, o homem deve adquirir faculdades e poderes *que tampouco possui*, mas que se atribui, isto é, que crê conhecer e crê ser capaz de usar e de usar até com maestria.

Esse é o "elo que falta", e *aí está o ponto de maior importância*.

No caminho da evolução, definido como um caminho baseado no esforço e na ajuda, o homem deve adquirir qualidades que crê já possuir, mas sobre as quais se ilude.

Para compreender isso melhor, para saber que faculdades novas, que poderes insuspeitados pode o homem adquirir e quais são aqueles que imagina possuir, devemos partir da idéia geral que o homem tem de si mesmo.

E encontramo-nos, de imediato, ante um fato importante.

O homem não se conhece.

Não conhece nem os próprios limites, nem suas possibilidades. Não conhece sequer até que ponto não se conhece.

O homem inventou numerosas máquinas e sabe que, às vezes, são necessários anos de sérios estudos para poder servir-se de uma máquina complicada ou para controlá-la. Mas, quando se trata de si mesmo, ele esquece esse fato, ainda que ele próprio seja uma máquina muito mais complicada do que todas aquelas que inventou.

Está cheio de idéias falsas sobre si mesmo.

Antes de tudo, não se dá conta de *que ele é realmente uma máquina*.

O que quer dizer: *"O homem é uma máquina"*?

Quer dizer que não tem *movimentos independentes*, seja interior, seja exteriormente. É uma máquina posta em movimento *por influências exteriores e choques exteriores*. Todos os seus movimentos, ações, palavras, idéias, emoções, humores e pensamentos são provocados por influências exteriores. Por si mesmo, é tão-somente um autômato com certa provisão de lembranças de experiências anteriores e certo potencial de energia em reserva.

Devemos compreender que o homem não pode fazer nada.

O homem, porém, não se apercebe disso e se atribui a *capacidade de fazer*. É o primeiro dos falsos poderes que se arroga.

Isso deve ser compreendido com toda a clareza. *O homem não pode fazer nada.* Tudo o que crê fazer, na realidade, *acontece*. Isso acontece exatamente como "chove", "neva" ou "venta".

Infelizmente, não há em nosso idioma verbos impessoais que possam ser aplicados aos atos humanos. Devemos, pois, continuar a dizer que o homem pensa, lê, escreve, ama, detesta, empreende guerras, combate, etc. Na realidade, tudo isso *acontece*.

O homem não pode pensar, falar nem mover-se como quer. É uma marionete, puxada para cá e para lá por fios invisíveis. Se compreender isso, poderá aprender mais coisas sobre si mesmo e talvez, então, tudo comece a mudar para ele.

Mas, se não puder admitir nem compreender sua *profunda mecanicidade*, ou não quiser aceitá-la como um fato, não poderá aprender mais nada e as coisas não poderão mudar para ele.

O homem é uma máquina, mas uma máquina muito singular. Pois, se as circunstâncias se prestarem a isso, e se bem dirigida, essa máquina *poderá saber que é uma máquina*. E se se der conta disso plenamente, ela poderá encontrar os meios para deixar de ser máquina.

Antes de tudo, o homem deve saber que ele não é *um*, mas *múltiplo*. Não tem um Eu único, permanente e imutável. Muda continuamente. Num momento é uma pessoa, no momento seguinte outra, pouco depois uma terceira e sempre assim, quase indefinidamente.

O que cria no homem a ilusão da própria unidade ou da própria integralidade é, por um lado, a sensação que ele tem de seu corpo físico; por outro, *seu nome*, que em geral não muda e, por último, certo número de hábitos mecânicos implantados nele pela educação ou adquiridos por imitação. Tendo sempre as mesmas sensações físicas, ouvindo sempre ser chamado pelo mesmo nome e, encontrando em si hábitos e inclinações que sempre conheceu, imagina permanecer o mesmo.

Na realidade não existe unidade no homem, não existe um centro único de comando, nem um "Eu", ou ego, permanente.

Eis aqui um esquema geral do homem:

Cada pensamento, cada sentimento, cada sensação, cada desejo, cada "eu gosto" ou "eu não gosto", é um "eu". Esses "eus" não estão ligados entre si, nem coordenados de modo algum. Cada um deles depende das mudanças de circunstâncias exteriores e das mudanças de impressões.

Tal "eu" desencadeia mecanicamente toda uma série de outros "eus". Alguns andam sempre em companhia de outros. Não existe aí, porém, nem ordem nem sistema.

Alguns grupos de "eus" têm vínculos naturais entre si. Falaremos desses grupos mais adiante. Por enquanto, devemos tratar de compreender que as ligações de certos grupos de "eus" constituem-se unicamente de associações acidentais, recordações fortuitas ou semelhanças completamente imaginárias.

Cada um desses "eus" não representa, em dado momento, mais que uma ínfima parte de nossas funções, porém cada um deles crê representar *o todo*. Quando o homem diz "eu", tem-se a impressão de que fala de si em sua totalidade, mas, na realidade, mesmo quando crê que isso é assim, é só um pensamento passageiro, um humor passageiro ou um desejo passageiro. Uma hora mais tarde, pode tê-lo esquecido completamente e expressar, com a mesma convicção, opinião, ponto de vista ou interesses opostos. O pior é que o homem não se lembra disso. Na maioria dos casos, dá crédito ao último "eu" que falou, enquanto este permanece, ou seja, enquanto um novo "eu" — às vezes sem conexão alguma com o precedente — ainda não tenha expressado com mais força sua opinião ou seu desejo.

E agora, voltemos às outras perguntas.

O que se deve entender por "desenvolvimento"? E o que quer dizer tornar-se um ser diferente? Em outras palavras, qual é a espécie de mudança *possível* ao homem? *Quando* e *como* se inicia essa mudança?

Já dissemos que a mudança deve começar pela aquisição desses poderes e capacidades que o homem *se atribui*, mas que, na realidade, não possui.

Isso significa que, antes de adquirir qualquer poder *novo* ou qualquer capacidade nova, o homem deve desenvolver nele as qualidades que *crê* possuir e sobre as quais ele cria para si as maiores ilusões.

O desenvolvimento não pode se basear na mentira a si mesmo, nem no enganar-se a si mesmo. O homem deve saber o que é seu e o que não é seu. Deve dar-se conta de que não possui as qualidades que se atribui: *a capacidade de fazer*, *a individualidade* ou *a unidade*, *o Ego permanente*, bem como *a consciência* e *a vontade*.

E é necessário que o homem saiba disso, pois enquanto imaginar possuir essas qualidades, não fará os esforços necessários para adquiri-las, da mesma maneira que um homem não comprará objetos preciosos, nem estará disposto a pagar um preço elevado por eles, se acreditar que já os possui.

A mais importante e a mais enganosa dessas qualidades é *a consciência*. E a mudança no homem começa por uma mudança em sua maneira de compreender a *significação da consciência* e continua com a aquisição gradual de um domínio da consciência.

Que é a consciência?

Na linguagem comum, a palavra "consciência" é quase sempre empregada como equivalente da palavra "inteligência", no sentido de *atividade mental*.

Na realidade, a consciência no homem é uma espécie muito particular de "tomada de conhecimento interior" independente de sua atividade mental — é, antes de tudo, *uma tomada de conhecimento de si mesmo*, conhecimento de *quem ele é, de onde está* e, a seguir, conhecimento do que sabe, do que não sabe, e assim por diante.

Só a própria pessoa é capaz de saber se está consciente ou não em dado momento. Certa corrente de pensamento da psicologia européia provou, aliás, há muito tempo, que só o próprio homem pode conhecer certas coisas sobre si mesmo.

Só o próprio homem, pois, é capaz de saber se a sua consciência existe ou não, em dado momento. Assim, a presença ou a ausência de consciência no homem não pode ser provada pela observação de seus atos exteriores. Como acabo de dizer, esse fato foi estabelecido há muito, mas nunca se compreendeu realmente sua importância, porque essa idéia sempre esteve ligada a uma compreensão da consciência como atividade ou processo mental.

O homem pode dar-se conta, por um instante, de que, antes desse mesmo instante, não estava consciente; depois, esquecerá essa experiência e, ainda que a recorde, isso não será a consciência. Será apenas a lembrança de uma forte experiência.

Quero, agora, chamar-lhes a atenção para outro fato perdido de vista por todas as escolas modernas de psicologia.

É o fato de que a consciência no homem jamais é permanente, seja qual for o modo como é encarada. Ela está presente ou está ausente. Os momentos de consciência mais elevados criam a *memória*. Os outros momentos, o homem simplesmente os esquece. É justamente isso que lhe dá, mais que qualquer outra coisa, a ilusão de consciência contínua ou de "percepção de si" contínua.

Algumas modernas escolas de psicologia negam inteiramente a consciência, negam até a utilidade de tal termo; isso, porém, não passa de paroxismo de incompreensão.

Outras escolas, se é possível chamá-las assim, falam de "estados de consciência", quando se referem a pensamentos, sentimentos, impulsos motores e sensações. Tudo isso tem como base o erro fundamental de se confundir consciência com funções psíquicas. Falaremos disso mais adiante.

Na realidade, o pensamento moderno, na maioria dos casos, continua a crer que *a consciência não possui graus*. A aceitação geral, ainda que tácita, dessa idéia, embora em contradição com numerosas descobertas recentes, tornou impossível muitas observações sobre as variações da consciência.

O fato é que a consciência tem graus bem visíveis e observáveis, em todo caso visíveis e observáveis por cada um em si mesmo.

Primeiro, há o critério da duração: *quanto tempo* se permaneceu consciente?

Segundo, o da freqüência: *quantas vezes* se tornou consciente?

Terceiro, o da amplitude e da penetração: *do que se estava consciente?* Pois isso pode variar muito com o crescimento interior do homem.

Se considerarmos apenas os dois primeiros desses três pontos, poderemos compreender a idéia de uma evolução possível da consciência. Essa idéia está ligada a um fato essencial, perfeitamente conhecido pelas antigas escolas psicológicas, tais como a dos autores da *Philokalia*, porém completamente ignorado pela filosofia e pela psicologia européias dos dois ou três últimos séculos.

É o fato de que, por meio de esforços especiais e de um estudo especial, a pessoa pode tornar a consciência contínua e controlável.

Tentarei explicar como a consciência pode ser estudada. Tome um relógio e olhe o ponteiro grande, *tentando manter a percepção de si mesmo* e concentrar-se no pensamento "eu sou Pedro Ouspensky", por exemplo, "eu estou aqui neste momento". Tente pensar apenas nisso, siga simplesmente o movimento do ponteiro grande, permanecendo consciente de si mesmo, de seu nome, de sua existência e do lugar em que você está. Afaste qualquer outro pensamento.

Se for perseverante, poderá fazer isso *durante dois minutos. Tal é o limite da sua consciência.* E se tentar repetir a experiência logo a seguir, irá achá-la mais difícil que da primeira vez.

Essa experiência mostra que um homem, em seu estado normal, pode, mediante grande esforço, ser consciente de *uma coisa* (ele mesmo) no máximo durante dois minutos.

A dedução mais importante que se pode tirar dessa experiência, se realizada corretamente, é *que o homem não é consciente de si mesmo.* Sua ilusão de ser consciente de si mesmo é criada pela memória e pelos processos do pensamento.

Por exemplo, um homem vai ao teatro. Se tem esse hábito, não tem consciência especial de estar ali enquanto ali está. E, não obstante, pode ver e observar; o espetáculo pode interessá-lo ou aborrecer-lhe; pode lembrar-se do espetáculo, lembrar-se das pessoas com quem se encontrou, e assim por diante.

De volta à casa, lembra-se de haver estado no teatro e, naturalmente, pensa ter estado consciente enquanto lá se encontrava.

De forma que não tem dúvida alguma quanto à sua consciência e não se dá conta de que sua consciência pode estar totalmente ausente, mesmo quando ele ainda age de modo razoável, pensa e observa.

De maneira geral, o homem pode conhecer quatro estados de consciência, que são: *o sono, o estado de vigília, a consciência de si e a consciência objetiva.*

Mesmo tendo a possibilidade de conhecer esses quatro estados de consciência, o homem só vive, de fato, *em dois desses estados*: uma parte de sua vida transcorre no sono e a outra, no que se chama "estado de vigília", embora, na realidade, esse último difira muito pouco do sono.

Na vida comum o homem nada sabe da "consciência objetiva" e não pode ter nenhuma experiência dessa ordem. O homem se atribui o terceiro estado de consciência, ou "consciência de si", e crê possuí-lo, embora, na realidade, só seja consciente de si mesmo por lampejos, aliás muito raros; e, mesmo nesses momentos, é pouco provável que reconheça esse estado, dado que ignora o que implicaria o fato de realmente possuí-lo.

Esses vislumbres de consciência ocorrem em momentos excepcionais, em momentos de perigo, em estados de intensa emoção, em circunstâncias e situações novas e inesperadas; ou também, às vezes, em momentos bem simples onde nada de particular ocorre. Em seu estado ordinário ou "normal", porém, o homem não tem qualquer controle sobre tais momentos de consciência.

Quanto à nossa memória ordinária ou aos nossos momentos de memória, na realidade, nós só nos *recordamos* de nossos momentos de consciência, embora não saibamos que isso é assim.

O que significa a memória no sentido técnico da palavra — todas as diferentes espécies de memória que possuímos — explicá-lo-ei mais adiante. Hoje, só desejo atrair sua atenção para as observações que tenham podido fazer a respeito de sua memória. Notarão que não se recordam das coisas sempre da mesma maneira. Algumas coisas são recordadas de forma muito viva, outras permanecem vagas e existem aquelas de que não se recordam em absoluto. *Sabem apenas que aconteceram.*

Ficarão muito surpresos quando constatarem como se recordam de pouca coisa. E é assim, porque *só se recordam dos momentos em que estiveram conscientes.*

Assim, para voltar a esse *terceiro estado de consciência*, podemos dizer que o homem tem momentos fortuitos de consciência de si, que deixam viva lembrança das circunstâncias em que eles ocorreram. O homem, entretanto, não tem nenhum poder sobre tais momentos. Aparecem e desaparecem por si mesmos, sob a ação de condições exteriores, de associações acidentais ou de lembranças de emoções.

Surge esta pergunta: é possível adquirir o domínio desses momentos fugazes de consciência, evocá-los mais freqüentemente, mantê-los por mais tempo ou, até, torná-los permanentes?

Em outros termos, *é possível tornar-se consciente*? Esse é o ponto essencial e é preciso compreender, desde o início do nosso estudo, que esse ponto escapou completamente, até em teoria, a todas as escolas modernas de psicologia, sem exceção.

De fato, por meio de métodos adequados e esforços apropriados, o homem *pode adquirir o controle da consciência,* pode *tornar-se consciente de si mesmo,* com tudo o que isso implica. Entretanto, o que isso implica não podemos sequer imaginá-lo em nosso estado atual.

Só depois de bem compreendido esse ponto, é possível empreender um estudo sério da psicologia.

Esse estudo deve começar pelo exame dos obstáculos à consciência em nós mesmos, porquanto a consciência só pode começar a crescer quando pelo menos alguns desses obstáculos forem afastados.

Nas conferências seguintes, falarei desses obstáculos. O maior deles é nossa *ignorância de nós mesmos* e nossa convicção ilusória de nos conhecermos, pelo menos até certo ponto, e de podermos contar conosco mesmo, quando, na realidade, não nos conhecemos em absoluto e de modo algum podemos contar conosco, nem sequer *nas menores coisas.*

Devemos compreender agora que "psicologia" significa verdadeiramente o *estudo de si.* Esta é a segunda definição de psicologia.

Não se pode estudar a psicologia como se estuda a astronomia, quer dizer, fora de si próprio.

Ao mesmo tempo, uma pessoa deve estudar-se como estudaria qualquer máquina nova e complicada. É necessário conhecer as peças dessa máquina, suas funções principais, as condições para um trabalho correto, as causas de um trabalho defeituoso e uma porção de outras coisas difíceis de descrever sem uma linguagem especial que, aliás, é indispensável conhecer para ficar em condições de estudar a máquina.

A máquina humana tem sete funções diferentes:

1.ª) O pensamento (ou o intelecto).
2.ª) O sentimento (ou as emoções).
3.ª) A função instintiva (todo o trabalho interno do organismo).
4.ª) A função motora (todo o trabalho externo do organismo, o movimento no espaço, etc.).
5.ª) O sexo (função dos dois princípios, masculino e feminino, em todas as suas manifestações).

Além dessas cinco funções, existem *duas outras* para as quais a linguagem corrente não tem nome e que aparecem somente nos estados superiores de consciência: uma, *a função emocional superior*, que aparece no *estado de consciência de si*, e outra, *a função intelectual superior*, que aparece no *estado de consciência objetiva*. Como não estamos nesses estados de consciência, não podemos estudar essas funções nem experimentá-las; só conhecemos sua existência de modo indireto, por meio daqueles que passaram por essa experiência.

Na antiga literatura religiosa e filosófica de diferentes povos, encontram-se múltiplas alusões aos estados superiores de consciência e às funções superiores de consciência. É tanto mais difícil compreender essas alusões porque não fazemos nenhuma distinção entre os estados superiores de consciência. O que chamamos *samadhi*, estado de êxtase, *iluminação* ou, em obras mais recentes, "consciência cósmica", pode referir-se ora a um, ora a outro — às vezes a experiências de consciência de si, às vezes a experiências de consciência objetiva. E, por estranho que possa parecer, temos mais material para avaliar o mais elevado desses estados, *a consciência objetiva*, do que para aquilatar o estado intermediário, a consciência de si, embora o primeiro só possa ser alcançado *depois* desse último.

Deve o estudo de si começar pelo estudo das quatro primeiras funções: intelectual, emocional, instintiva e motora. A função sexual só pode ser estudada muito mais tarde, depois de essas quatro funções terem sido suficientemente compreendidas.

Ao contrário do que afirmam certas teorias modernas, a função sexual vem realmente depois das outras, quer dizer, aparece mais tarde na vida, quando as quatro primeiras funções já se tiverem manifestado plenamente: está condicionada por elas. Por conseguinte, o estudo da função sexual será útil, apenas quando as quatro primeiras funções forem conhecidas em todas as suas manifestações. Ao mesmo tempo, é preciso compreender bem que qualquer irregularidade ou anomalia séria na função sexual torna impossível o desenvolvimento de si e, até, o *estudo de si*.

Tratemos, agora, de compreender as quatro primeiras funções.

O que entendo por "função intelectual" ou "função do pensamento", suponho que seja claro para vocês. Nela estão compreendidos todos os processos mentais: percepção de impressões, formação de representações e conceitos, raciocínio, comparação, afirmação, negação, formação de palavras, linguagem, imaginação, e assim por diante.

A segunda função é o sentimento ou as emoções: alegria, tristeza, medo, surpresa, etc. Ainda que estejam seguros de bem compreender como e em que as emoções diferem dos pensamentos, aconselhá-los-ia a rever todas as suas idéias a esse respeito. Confundimos pensamentos e sentimentos em nossas maneiras habituais de ver e de falar. Entretanto, para começar a estudar-se a si mesmo, é necessário estabelecer claramente a diferença entre eles.

As duas funções seguintes, instintiva e motora, reter-nos-ão por mais tempo, pois nenhum sistema de psicologia comum distingue nem descreve corretamente essas duas funções.

As palavras "instinto" e "instintivo" são empregadas geralmente num sentido errôneo e, freqüentemente, sem sentido algum. Em particular, atribui-se ao instinto manifestações exteriores que são, na realidade, de ordem motora e, às vezes, emocional.

A função instintiva, no homem, compreende quatro espécies de funções:

1.ª) Todo o trabalho interno do organismo, *toda a fisiologia* por assim dizer: a digestão e a assimilação do alimento, a respiração e a circulação do sangue, todo o trabalho dos órgãos internos, a construção de novas células, a eliminação de detritos, o trabalho das glândulas endócrinas, e assim por diante.

2.ª) Os "cinco sentidos", como são chamados: a visão, a audição, o olfato, o paladar e o tato; e todos os demais, como o sentido de peso, de temperatura, de secura ou de umidade, etc., ou seja, todas as sensações *indiferentes*, sensações que não são, por si mesmas, nem agradáveis nem desagradáveis.

3.ª) Todas as emoções físicas, quer dizer, todas as sensações físicas que são *agradáveis ou desagradáveis*; todas as espécies de dor ou de sensações desagradáveis, por exemplo, um sabor ou um odor desagradável, e todas as espécies de prazer físico, como os sabores e os odores agradáveis, e assim por diante.

4.ª) Todos os reflexos, até os mais complicados, tais como o riso e o bocejo; todas as espécies de memória física, tais como a memória do gosto, do olfato, da dor, que são, na realidade, reflexos internos.

A função motora compreende todos os movimentos exteriores, tais como caminhar, escrever, falar, comer, e as lembranças que disso restam. À função motora pertencem também movimentos que a linguagem corrente qualifica de "instintivos", como o de aparar um objeto que cai, sem pensar nisso.

A diferença entre a função instintiva e a função motora é muito clara e fácil de compreender; basta recordar que todas as funções instintivas, sem exceção, são inatas e não é necessário aprendê-las para utilizá-las; ao passo que nenhuma das funções de movimento é inata e é necessário aprendê-las todas; assim, a criança aprende a nadar, aprendemos a escrever ou a desenhar.

Além dessas funções motoras normais, existem ainda estranhas funções de movimento, que representam o trabalho inútil da máquina humana, trabalho não previsto pela natureza, mas que ocupa um vasto lugar na vida do homem e consome grande quantidade de sua energia. São: a formação dos sonhos, a imaginação, o devaneio, o falar consigo mesmo, o falar por falar e, de maneira geral, as manifestações incontroladas e incontroláveis.

As quatro funções — intelectual, emocional, instintiva e motora — devem, antes de tudo, ser compreendidas em todas as suas manifestações; depois, é preciso observá-las em si mesmo. Essa observação de si, que deve ser feita a partir de dados corretos, com prévia compreensão dos estados de consciência e das diferentes funções, constitui a base do estudo de si, isto é, *o início da psicologia.*

É muito importante recordar que, enquanto observamos as diferentes funções, cumpre observar ao mesmo tempo sua relação com os diferentes estados de consciência.

Tomemos os três estados de consciência — sono, estado de vigília, lampejos de consciência de si — e as quatro funções: pensamento, sentimento, instinto e movimento.

Essas quatro funções podem manifestar-se no sono, mas suas manifestações são então desconexas e destituídas de qualquer fundamento. Não podem ser utilizadas de maneira alguma; funcionam automaticamente.

No estado de consciência de vigília ou de consciência relativa, elas podem, até certo ponto, servir para nossa orientação. Seus resultados podem ser comparados, verificados, retificados e, embora possam criar numerosas ilusões, só contamos no entanto com elas em nosso estado ordinário e devemos usá-las na medida em que podemos. Se conhecêssemos a quantidade de observações falsas, de falsas teorias, de falsas deduções e conclusões feitas nesse estado, cessaríamos completamente de crer em nós mesmos. Entretanto, os homens não se dão conta de quanto as suas observações e teorias podem ser enganadoras e continuam a crer nelas. E é isso o que impede os homens de observarem os raros momentos em que suas funções se manifestam sob o efeito dos lampejos do terceiro estado de consciência, ou seja, da consciência de si.

Tudo isso significa que cada uma das quatro funções pode manifestar-se em cada um dos três estados de consciência. Os resultados, todavia, diferem inteiramente.

Quando aprendermos a observar esses resultados e a diferença entre eles, compreenderemos a relação correta entre as funções e os estados de consciência.

Mas, antes de considerar as diferenças que apresenta uma função segundo o estado de consciência, é preciso compreender que a consciência de um homem e as funções de um homem são dois fenômenos de ordem completamente diferente, de natureza totalmente diferente, dependentes de causas diferentes, e que um pode existir sem o outro.

As funções podem existir sem a consciência e a consciência pode existir sem as funções.

SEGUNDA CONFERÊNCIA

Continuamos nosso estudo do homem por um exame mais detalhado dos diferentes estados de consciência.

Como já disse, existem quatro estados de consciência possíveis para o homem: o "sono", a "consciência de vigília", a "consciência de si" e a "consciência objetiva"; mas o homem vive apenas em dois desses estados, em parte no sono e em parte no que às vezes se denomina "consciência de vigília". É como se possuísse uma casa de quatro andares, mas só vivesse nos dois andares inferiores.

O primeiro dos estados de consciência, o mais baixo, é o *sono*. É um estado puramente subjetivo e passivo. O homem está rodeado de sonhos. Todas as suas funções psíquicas trabalham sem direção alguma. Não há lógica, não há continuidade, não há causa nem resultado nos sonhos. Imagens puramente subjetivas, ecos de experiências passadas ou ecos de vagas percepções do momento, ruídos que chegam ao adormecido, sensações corporais tais como ligeiras dores, sensação de tensão muscular, atravessam o espírito sem deixar mais que um tênue vestígio na memória e quase sempre sem deixar sinal algum.

O segundo grau de consciência aparece quando o homem desperta. Este segundo estado, o estado no qual nos encontramos neste momento, quer dizer, no qual trabalhamos, falamos, imaginamos que somos seres conscientes, denominamo-lo freqüentemente "consciência lúcida" ou "consciência desperta", quando na realidade deveria ser chamado "sono desperto" ou "consciência relativa". Este último termo será explicado mais adiante.

Aqui é preciso compreender que o primeiro estado de consciência, o sono, não se dissipa quando aparece o segundo estado, isto é, quando o homem desperta. O sono permanece, com todos os seus sonhos e impressões; só que, para a pessoa, ao sono se acrescenta uma atitude crítica para com suas próprias impressões, pensamentos mais bem coordenados e ações mais disciplinadas. E, em decorrência da vivacidade das impressões sensoriais, dos desejos e dos sentimentos — em particular do sentimento de *contradição* ou de *impossibilidade*, cuja ausência é total no sono —, os sonhos tornam-se invisíveis, tal como a lua e as estrelas tornam-se invisíveis à claridade do sol. Porém, todos estão presentes e freqüentemente exercem sobre o conjunto de nossos pensamentos, sentimentos e ações, uma influência cuja força supera, às vezes, a das percepções reais do momento.

A esse respeito devo dizer que não me refiro aqui ao que, na psicologia moderna, se chama "subconsciente" ou "pensamento subconsciente". São simplesmente expressões errôneas, termos equivocados que não significam nada e não se referem a nenhum fato real. Em nós, nada é subconsciente de maneira permanente, já que nada em nós é consciente de modo permanente, e não existe "pensamento subconsciente" pela simples razão de que não há "pensamento consciente". Mais tarde verão como este erro se produziu, como esta falsa terminologia pôde aparecer e ser admitida quase em toda parte.

Voltemos, todavia, aos estados de consciência que existem de fato. O primeiro é o sono. O segundo é o "sono desperto" ou "consciência relativa".

O primeiro, como disse, é um estado puramente subjetivo. O segundo é menos subjetivo; o homem já distingue entre o "eu" e o "não-eu", ou seja, entre seu corpo e os objetos que diferem de seu corpo, e pode conhecer a posição e as qualidades deles. Mas não se poderia dizer que, nesse estado, o homem esteja desperto, visto que permanece poderosamente influenciado pelos sonhos e, de fato, vive mais nos sonhos que na realidade. Todos os absurdos e todas as contradições dos homens e da vida humana em geral se explicam, se compreendermos que os homens *vivem no sono*, agem no sono e não sabem que estão dormindo.

É útil lembrar que tal é realmente a significação interior de numerosos ensinamentos antigos. O mais bem conhecido de nós é o Cristianismo, ou *o ensinamento dos Evangelhos,* onde todas as explicações da vida humana se baseiam na idéia de que os homens vivem no sono e devem, antes de tudo, despertar-se; no entanto, quase nunca essa idéia é compreendida como deveria ser, ou seja, no presente caso, ao pé da letra.

Entretanto, toda a questão é saber *como* um homem pode despertar.

O ensinamento dos Evangelhos exige o despertar, mas não diz *como* despertar.

O estudo psicológico da consciência mostra que é somente a partir do momento em que o homem vê que está adormecido que se pode dizer dele que está a caminho do despertar. Jamais poderá despertar-se antes de ter visto que está adormecido.

Esses dois estados, sono e sono desperto, são os dois únicos estados em que vive o homem. Além deles, o homem poderá conhecer dois outros estados de consciência, mas estes só lhe são acessíveis depois de dura e prolongada luta.

Esses dois estados superiores de consciência são denominados "consciência de si" e "consciência objetiva".

Admite-se geralmente que possuímos a consciência de si, que somos conscientes de nós mesmos ou, pelo menos, que podemos ser conscientes de nós mesmos no instante em que desejarmos; mas, na realidade, a "consciência de si" é um estado *que nós nos atribuímos sem o menor direito.* Quanto à "consciência objetiva", é um estado do qual nada sabemos.

A consciência de si é um estado no qual o homem se torna objetivo em relação a si mesmo e a consciência objetiva é um estado no qual ele entra em contato com o mundo real ou objetivo, do qual está atualmente separado pelos sentidos, pelos sonhos e pelos estados subjetivos de consciência.

Outra definição dos quatro estados de consciência pode ser estabelecida de acordo com as possibilidades que eles oferecem de se *conhecer* a verdade.

No primeiro estado de consciência, o sono, nada podemos saber da verdade. Ainda que cheguem até nós percepções ou sentimentos reais, estes se mesclam aos sonhos; e, nesse estado de sono, não podemos distinguir os sonhos da realidade.

No segundo estado de consciência, isto é, no sono desperto, só podemos conhecer uma verdade *relativa* — de onde o termo consciência relativa.

No terceiro estado de consciência, ou seja, no estado de consciência de si, podemos conhecer toda a verdade *sobre nós mesmos*.

No quarto estado, que é o estado de *consciência objetiva*, o homem se encontra em condições de conhecer toda a verdade *sobre todas as coisas*, pode estudar "as coisas em si mesmas", "o mundo tal como é".

Esse estado está tão longe de nós, que não podemos sequer pensar nele de maneira justa, e temos que nos esforçar por compreender que só podemos ter lampejos de consciência objetiva no estado plenamente realizado de consciência de si.

No estado de sono podemos ter lampejos de consciência relativa. No estado de consciência relativa podemos ter vislumbres de consciência de si. Mas, se quisermos ter períodos mais longos de consciência de si, e não apenas breves clarões, devemos compreender que eles não podem surgir por si só. Exigem um *ato de vontade*. Isso quer dizer que a freqüência e a duração dos momentos de consciência de si dependem do poder que se tem sobre si mesmo. Por conseguinte, isso significa que consciência e vontade são quase uma única e mesma coisa ou, em todo caso, aspectos de uma mesma coisa.

Agora, devemos compreender que o primeiro obstáculo no caminho do desenvolvimento da consciência de si no homem é sua convicção de que já a possui ou, pelo menos, de que pode tê-la no instante em que quiser. É muito difícil persuadir um homem de que não está consciente e de que não pode tornar-se voluntariamente consciente. E é particularmente difícil, porque aqui a natureza lhe "prega uma peça".

Perguntem a um homem se está consciente ou digam-lhe que não está consciente, e ele responderá que está perfeitamente consciente e que é absurdo dizer que não o está, dado que os ouve e os compreende. *E terá toda a razão, mas ao mesmo tempo equivocar-se-á completamente*. Esta é a peça que a natureza lhe prega. Terá razão, porque a pergunta ou a observação o terá tornado vagamente consciente por um instante. No instante seguinte, a consciência terá desaparecido. Mas lembrar-se-á do que vocês lhe disseram, do que respondeu e certamente acreditará estar consciente.

Na realidade, a aquisição da consciência de si supõe um trabalho árduo e prolongado. Como poderia um homem submeter-se a tal trabalho, se pensa já possuir a própria coisa que lhe prometem como resultado de um trabalho árduo e prolongado? Naturalmente, o homem não empreenderá esse trabalho e não o considerará uma necessidade, enquanto não tiver adquirido a convicção de que não possui *nem* a consciência de si, *nem* tudo o que com ela se relaciona, isto é, a unidade ou individualidade, o "Eu" permanente e a vontade.

Isso nos leva à questão das escolas. Com efeito, os métodos de desenvolvimento da *consciência de si*, da *unidade*, do *"Eu" permanente* e da *vontade* só podem ser dados por escolas especiais. Devemos compreendê-lo claramente. *Os homens, no nível da consciência relativa, não podem descobrir esses métodos por si mesmos*; e tais métodos não podem ser descritos nos livros, nem ensinados nas escolas comuns, pela simples razão de que são diferentes para cada indivíduo e de que não existe método universal igualmente aplicável a todos.

Em outras palavras, isso significa que os homens que querem mudar seu estado de consciência necessitam de uma escola. Mas, antes de tudo, devem dar-se conta de que precisam dela. Enquanto acreditarem poder fazer algo por si mesmos, não poderão tirar nenhum proveito de uma escola, ainda que a encontrem. As escolas existem somente para aqueles que precisam delas e sabem que precisam delas.

A noção de escola, o estudo das diferentes espécies de escolas que podem existir, o estudo dos princípios e métodos de escola ocupam um lugar muito importante no estudo da psicologia baseada na idéia de evolução; pois, sem escola, não pode haver evolução alguma. É até impossível dar o primeiro passo, pois ignora-se como fazê-lo. Menos ainda se pode continuar ou alcançar seja o que for.

Isso significa que depois de se ter desembaraçado da primeira ilusão, a de já possuir tudo o que se pode possuir, cumpre desembaraçar-se da segunda ilusão, a de poder obter algo por si mesmo, pois por si mesmo nada se pode obter.

Estas conferências não são uma escola, nem sequer o começo de uma escola. Uma escola exige uma *pressão de trabalho* muito mais forte. Nestas conferências, porém, posso dar a meus ouvintes algumas idéias sobre a maneira como as escolas trabalham e dizer-lhes de que modo se pode descobri-las.

Já dei duas definições de psicologia.

Primeiro, disse que psicologia era o estudo das possibilidades de evolução do homem e, depois, que psicologia era o estudo de si.

Queria dizer que só a psicologia cujo objeto é a evolução do homem é digna de ser estudada e que a psicologia que se ocupa de uma única fase do homem, sem nada conhecer das demais, é, evidentemente, incompleta e não pode ter valor algum, nem sequer de um ponto de vista puramente científico, isto é, do ponto de vista da experiência e da observação. Com efeito, a fase atual, tal como a estuda a psicologia comum, não existe separadamente como tal e comporta numerosas subdivisões que vão desde as fases inferiores até as superiores. Além do mais, a própria experiência e a observação mostram que não se pode estudar a psicologia como se estuda qualquer outra ciência, sem relação direta alguma consigo mesmo. Cumpre começar o estudo da psicologia partindo de si.

Se confrontarmos, por um lado, o que podemos saber sobre a fase seguinte da evolução do homem — no curso da qual adquirirá a consciência, a unidade interior, um Eu permanente e a vontade — e, por outro, certos dados da observação de si que nos permitam reconhecer que não possuímos nenhum destes poderes e faculdades que nos atribuímos, tropeçaremos em nova dificuldade em nosso esforço para compreender a significação da psicologia. E sentiremos a necessidade de nova definição.

As duas definições dadas na conferência anterior não são suficientes, porque o homem não sabe qual evolução lhe é permitida, não vê em que ponto se encontra atualmente e se atribui características que pertencem a fases superiores da evolução. De fato, ele não pode estudar-se, sendo incapaz de distinguir entre o imaginário e o real nele.

O que é mentir?

Em linguagem corrente, mentir quer dizer deformar ou, em certos casos, dissimular a verdade ou o que se acredita ser a verdade. Tal espécie de mentira desempenha um papel muito importante na vida. Há, porém, formas muito piores de mentira, as que o homem diz sem saber que mente. Já lhes disse que, em nosso estado atual, não podemos conhecer a verdade e que somente nos é dado conhecê-la no estado de consciência objetiva. Como podemos então mentir? Parece haver aí uma contradição, mas na realidade não existe nenhuma. Não podemos conhecer a verdade, mas podemos fingir conhecê-la. *E mentir é isso.* A mentira preenche nossa vida toda. As pessoas aparentam saber tudo sobre Deus, a vida futura, o universo, as origens do homem, a evolução, sobre todas as coisas, mas, na realidade, nada sabem, nem sequer sobre si mesmas. E, cada vez que falam de algo que não conhecem, *como se o conhecessem, elas mentem.* Por conseguinte, o estudo da mentira torna-se de importância primordial em psicologia.

Isso poderia até conduzir a esta terceira definição da psicologia: *a psicologia é o estudo da mentira.*

A psicologia dá particular atenção às mentiras que o homem conta sobre si mesmo. Essas mentiras tornam muito difícil o estudo do homem. Tal como é, o homem não é um artigo autêntico. É a imitação de algo e até mesmo uma péssima imitação.

Imaginem que um sábio de um planeta distante receba da Terra amostras de flores artificiais, *sem nada saber sobre as flores verdadeiras.* Ser-lhe-á extremamente difícil defini-las, explicar sua forma, suas cores, os materiais de que são feitas — algodão, arame, papel colorido — e classificá-las de um modo qualquer.

Com relação ao homem, a psicologia encontra-se em situação totalmente análoga. É obrigada a estudar um homem artificial, sem conhecer o homem real.

É evidente que não é fácil estudar um ser como o homem, que não sabe, ele próprio, o que é real e o que é imaginário nele mesmo. De modo que, a psicologia deve começar por estabelecer distinção entre o real e o imaginário no homem.

É impossível estudar o homem como um todo, porquanto ele está dividido em duas partes: uma que, em certos casos, pode ser quase *inteiramente real* e outra que, em certos casos, pode ser quase *inteiramente imaginária*. Na maioria dos homens comuns, essas duas partes estão entremescladas e não é fácil distingui-las, se bem que cada uma delas esteja presente e cada uma possua significação e efeitos particulares.

No sistema que estudamos, essas duas partes são chamadas *essência* e *personalidade*.

A essência é o que é *inato* no homem.

A personalidade é o que é *adquirido*.

A essência é seu bem próprio, o que é dele. A personalidade é *o que não é dele*. A essência não pode perder-se, não pode ser modificada nem degradada tão rapidamente como a personalidade. A personalidade pode ser modificada quase por completo com uma mudança de circunstâncias; pode perder-se ou deteriorar-se facilmente.

Se tento descrever o que é a essência, devo dizer, antes de tudo, que é a base da estrutura física e psíquica do homem. Por exemplo, um homem é por natureza o que se chama de bom marinheiro, outro não é; um tem ouvido musical, outro não tem; um tem o dom das línguas, outro carece dele. Eis aí a essência.

A personalidade é tudo o que pôde ser *aprendido* de um modo ou de outro — em linguagem corrente, "consciente" ou "inconscientemente".

Na maioria dos casos, "inconscientemente" significa por imitação, desempenhando a imitação, de fato, um papel muito importante na construção da personalidade. Mesmo nas funções instintivas que, por natureza, deveriam ser isentas de personalidade, existem geralmente muitos "gostos adquiridos", isto é, toda espécie de "eu gosto" e "eu não gosto" artificiais, adquiridos todos por imitação ou imaginação. Esses "gosto" e "não gosto" artificiais desempenham um papel muito importante e desastroso na vida do homem. Por natureza, o homem deveria gostar do que é bom para ele e detestar o que é mau para ele. E assim é, enquanto a essência domina a personalidade, como deveria fazê-lo ou, dito de outro modo, enquanto o homem é são e normal. Mas, quando a personalidade começa a dominar a essência e o homem já é menos são, começa a gostar do que é mau para ele e a detestar o que lhe é bom.

E aqui tocamos no que pode correr o risco de ser falseado, em primeiro lugar, nas relações entre a essência e a personalidade.

Normalmente, a essência deve dominar a personalidade e a personalidade pode ser então muito útil. Mas, quando a personalidade domina a essência, isso acarreta os piores resultados.

Deve-se compreender que a personalidade é também necessária ao homem; não podemos viver sem personalidade, apenas com a essência. Mas a essência e a personalidade devem crescer paralelamente e jamais uma deve prevalecer sobre a outra.

Casos em que a essência prevalece sobre a personalidade encontram-se entre as pessoas incultas; esses homens "simples", como se diz, podem ser boníssimos e até inteligentes, mas são incapazes de desenvolver-se como aqueles cuja personalidade é mais desenvolvida.

Casos em que a personalidade prevalece sobre a essência encontram-se freqüentemente entre as pessoas cultas, e a essência permanece então num estado de semicrescimento ou de desenvolvimento incompleto.

Desse modo, quando há desenvolvimento rápido e prematuro da personalidade, o crescimento da essência pode praticamente deter-se em idade muito tenra, e o resultado é que vemos homens e mulheres de aparência adulta, cuja essência, porém, permaneceu na idade de dez ou doze anos.

Inúmeras condições da vida moderna favorecem esse subdesenvolvimento da essência. Por exemplo, o empolgamento pelo esporte e, sobretudo, pela competição desportiva, pode muito bem deter o desenvolvimento da essência e às vezes até em idade tão tenra, que a essência nunca mais é capaz de erguer-se novamente.

Isso mostra que a essência não pode ser encarada unicamente com relação à constituição física, no sentido simples desta noção. A fim de explicar mais claramente o que significa a essência, é necessário, uma vez mais, que eu volte ao estudo das funções.

Disse, na primeira conferência, que o estudo do homem começa pelo estudo de quatro funções: intelectual, emocional, motora e instintiva. Segundo a psicologia comum e o pensamento comum, sabemos que as funções intelectuais são assumidas e controladas por determinado *centro*, que se chama "mente" ou "intelecto" ou "cérebro". E isso é muito justo; entretanto, para que seja realmente justo, devemos compreender que as outras funções também são controladas por um cérebro, ou centro, particular a cada uma delas. Por conseguinte, do ponto de vista deste ensinamento, há quatro cérebros ou centros que controlam nossas ações ordinárias: o cérebro ou centro intelectual, o centro emocional, o centro motor e o centro instintivo. Quando os mencionarmos a seguir, chamá-los-emos sempre *centros*. Cada centro é completamente independente dos outros, possui sua esfera de ação particular, seus próprios poderes e suas próprias modalidades de desenvolvimento.

Os centros, isto é, sua estrutura, suas capacidades, seus lados fortes e seus pontos débeis pertencem à essência. Seu *conteúdo*, isto é, tudo o que cada um deles adquire, pertence à personalidade. O conteúdo dos centros será explicado mais adiante.

Como já disse, para o desenvolvimento do homem, a personalidade é tão necessária quanto a essência, mas deve manter-se em seu lugar. Isso é quase impossível de se efetuar porque a personalidade está cheia de idéias falsas sobre si mesma. Não quer nunca permanecer em seu lugar, porque seu verdadeiro lugar é secundário e subordinado; não quer conhecer a verdade sobre si mesma, porque conhecer a verdade significaria abandonar a situação usurpada e ocupar a situação inferior que, na realidade, lhe compete.

A falsa situação na qual se encontram a essência e a personalidade, uma em relação à outra, determina a falta de harmonia no estado atual do homem e o único meio de sair desse estado de desarmonia é o conhecimento de si.

Conhece-te a ti mesmo — este era o primeiro princípio e a primeira exigência de todas as antigas escolas de psicologia. Lembramo-nos ainda dessas palavras, mas perdemos sua significação. Pensamos que *conhecermo-nos a nós mesmos* quer dizer conhecermos nossas particularidades, nossos desejos, nossos gostos, nossas capacidades e nossas intenções, quando na realidade isso significa conhecermo-nos como máquinas, isto é, conhecermos a *estrutura* da nossa máquina, suas *partes*, as funções das diferentes partes, as condições que regem seu trabalho, e assim por diante. Compreendemos, em geral, que não podemos conhecer máquina alguma sem havê-la estudado. Devemos nos lembrar disso quando se trata de nós mesmos e devemos estudar nossa própria máquina como máquina que é. O meio de estudá-la é a *observação de si*. Não existe outro meio e ninguém pode fazer esse trabalho por nós. Devemos fazê-lo nós mesmos. Antes, contudo, devemos aprender *como observar*. Quero dizer que devemos compreender o lado técnico da observação, devemos saber que é necessário observar *diferentes funções* e distingui-las entre si, recordando ao mesmo tempo o que sabemos dos *diferentes estados de consciência*, do *nosso sono* e dos *numerosos "eus" que existem em nós*.

Tais observações darão resultado prontamente. Em primeiro lugar, o homem notará que não pode observar imparcialmente nada do que encontra em si mesmo. Certos traços lhe agradarão, outros lhe desagradarão, o irritarão ou mesmo lhe causarão horror. E não pode ser de outro modo. O homem não pode estudar-se como se fosse uma estrela longínqua ou curiosa espécie de fóssil. Naturalmente, gostará nele daquilo que favorece o seu desenvolvimento e detestará aquilo que torna esse desenvolvimento mais difícil ou até impossível. Isso quer dizer que muito pouco tempo depois de haver começado a observar-se, distinguirá em si os traços *úteis* e os traços *prejudiciais*, isto é, úteis ou prejudiciais do ponto de vista de um conhecimento possível de si mesmo, de um despertar possível, de um desenvolvimento possível. Discernirá nele o que *pode* tornar-se consciente e o que *não pode* e *deve ser eliminado*. Ao se observar, nunca deverá esquecer que o estudo de si é o primeiro passo no caminho de sua evolução possível.

Devemos, agora, examinar quais são esses traços prejudiciais que o homem encontra em si mesmo.

De modo geral, são todas as manifestações mecânicas. Como já dissemos, a primeira é *mentir*. A mentira é inevitável na vida mecânica. Ninguém pode escapar dela e, quanto mais cremos estar livres da mentira, mais ela nos tem em seu poder. A vida *tal qual é* hoje não poderia continuar sem a mentira.

Mas, do ponto de vista psicológico, a mentira tem outro sentido. *Significa falar de coisas que não conhecemos e que nem sequer podemos conhecer, como se as conhecêssemos e como se pudéssemos conhecê-las.*

Devem compreender bem que não me coloco num ponto de vista moral, seja qual for. Não chegamos ainda à questão do que é bom e do que é mau em si. Coloco-me no simples ponto de vista prático, falo só do que é util ou prejudicial ao estudo de si e ao desenvolvimento de si.

Começando desse modo, o homem aprende muito depressa a descobrir os sinais pelos quais pode reconhecer em si mesmo as manifestações prejudiciais. Descobre que *quanto mais controla uma manifestação, menos prejudicial ela é* e que quanto menos a controla — por conseguinte, quanto mais mecânica ela é — mais prejudicial pode se tornar.

Ao compreender isso, o homem tem medo de mentir, não por razões morais, repito, mas porque não pode controlar sua mentira e porque a mentira o controla, isto é, controla suas outras funções.

O segundo traço perigoso que encontra em si mesmo é a *imaginação.* Depois de ter começado a observar-se, chega bem depressa à conclusão de que o principal obstáculo à observação é a imaginação. Quer observar alguma coisa, mas em lugar disso é tomado pela imaginação e se esquece de observar. Não tarda a dar-se conta de que à palavra "imaginação" é dado um sentido fictício e de modo algum justificado: o de *faculdade criadora* ou *seletiva.* Percebe que a imaginação é uma *faculdade destrutiva,* que ele nunca pode controlá-la e que ela *sempre o* arrasta para longe de suas decisões mais conscientes, numa direção aonde não tinha intenção de ir. A imaginação é quase tão perniciosa quanto a mentira; de fato, imaginar é mentir-se a si mesmo. O homem começa a imaginar algo para dar prazer a si mesmo e rapidamente começa a acreditar no que imagina, pelo menos em parte.

Descobre-se ainda, às vezes até no início, quantas conseqüências perigosas pode ter *a expressão das emoções negativas*. Por "emoções negativas" designam-se todas as emoções de violência ou depressão: compaixão de si mesmo, cólera, suspeita, medo, contrariedade, aborrecimento, desconfiança, ciúme, etc. Comumente, aceita-se a expressão das emoções negativas como coisa inteiramente natural e até necessária. Freqüentemente as pessoas chamam-na "sinceridade". É claro que isso nada tem a ver com sinceridade; é simplesmente sinal de debilidade no homem, sinal de mau caráter e de impotência de guardar para si seus próprios agravos. O homem compreende isso quando se esforça em opor-se a suas emoções negativas. E isso é uma lição nova para ele. Vê que não basta observar as manifestações mecânicas; é preciso resistir a elas, porque sem resistir-lhes, não pode observá-las. Sua aparição é tão rápida, tão familiar e tão imperceptível, que é impossível notá-las, se não fizermos esforços suficientes para criar-lhes obstáculos.

Depois da *expressão das emoções negativas*, cada um pode descobrir em si mesmo e nos outros um traço mecânico curioso. É o fato de *falar*. Não há mal algum no próprio fato de falar. Mas, em certas pessoas, e muito particularmente nas que menos se dão conta disso, falar converte-se realmente num vício. Falam o tempo todo, onde se encontrem, no trabalho, viajando, até dormindo. Não param nunca de falar, quando podem falar a alguém e, se não há ninguém, falam consigo mesmas.

Também aí é necessário não só observar, mas resistir o mais possível. Se alguém se permite falar sem resistir, nada pode observar e os resultados das observações que faz evaporam-se imediatamente em tagarelice.

As dificuldades que o homem experimenta para observar essas quatro manifestações — mentir, imaginar, expressar emoções negativas e falar sem necessidade — mostrar-lhe-ão sua completa mecanicidade e a própria impossibilidade em que se encontra de lutar contra essa mecanicidade sem ajuda, ou seja, sem um novo saber e sem assistência direta. Pois, mesmo que tenha recebido certas indicações, o homem se esquece de utilizá-las, se esquece de observar-se; em outras palavras, recai no sono e tem que ser sempre despertado.

Essa queda perpétua no sono apresenta certos aspectos bem determinados, de que a psicologia comum nada sabe ou, pelo menos, que ela não pode nem classificar, nem definir. Esses aspectos necessitam de um estudo especial.

São em número de dois: o primeiro denomina-se *identificação*.

A "identificação" é um estado curioso, no qual o homem passa mais da metade de sua vida. O homem "identifica-se" com tudo: com o que diz, com o que sabe, com o que crê, com o que não crê, com o que deseja, com o que não deseja, com o que o atrai ou com o que o repele. Tudo o absorve. E é incapaz de separar-se da idéia, do sentimento ou do objeto que o absorve. Isso quer dizer que no estado de identificação o homem é incapaz de considerar imparcialmente o objeto de sua identificação.

É difícil encontrar uma coisa, por pequena que seja, com a qual o homem não possa identificar-se. Ao mesmo tempo, no estado de identificação, o homem tem menos controle que nunca sobre suas reações mecânicas. Manifestações tais como a mentira, a imaginação, a expressão das emoções negativas e a tagarelice constante *exigem a identificação*. Não podem existir sem identificação. Se o homem *pudesse* libertar-se da identificação, libertar-se-ia de muitas manifestações inúteis e tolas.

A identificação, seu verdadeiro sentido, suas causas e resultados são admiravelmente descritos na *Philokalia*, da qual falamos na primeira conferência. Mas, não se poderia encontrar na psicologia moderna o menor sinal de compreensão a esse respeito. É uma "descoberta psicológica" completamente esquecida.

O segundo fator de sono é um estado muito próximo da identificação, chamado "consideração". De fato, "considerar" é identificar-se com as pessoas. É um estado no qual o homem se preocupa constantemente com o que as pessoas pensam dele: tratam-no de acordo com seus méritos? Admiram-no o bastante? E assim até o infinito. A "consideração" desempenha um papel muito importante na vida de cada um, mas para certas pessoas converte-se em obsessão. Sua vida inteira está tecida de "consideração", quer dizer, de preocupação, de dúvida e de suspeita, a ponto de não deixar lugar para mais nada.

O mito do "complexo de inferioridade" e dos outros "complexos" nasceu desses fenômenos vagamente percebidos, mas não compreendidos, de "identificação" e de "consideração".

A "identificação" e a "consideração" devem ambas ser observadas de maneira muito séria. Só o pleno conhecimento que delas se possa ter permite enfraquecê-las. Se não se pode vê-las em si mesmo, pode-se facilmente observá-las nos outros. Mas é preciso que nos lembremos de que nós próprios não somos em nada diferentes dos outros. A esse respeito, todos os homens são iguais.

Voltando ao que dizíamos há pouco, devemos esforçar-nos em ter uma idéia mais clara da maneira pela qual o desenvolvimento do homem deve começar. E devemos compreender em que o estudo de si pode ajudar-nos nisso.

Desde o início, encontramos uma dificuldade em nossa linguagem. Por exemplo, queremos falar do homem do ponto de vista da evolução. Mas a palavra "homem", na linguagem comum, não admite variação alguma, gradação alguma. O homem que nunca está consciente e nem sequer suspeita disso, o homem que luta para tornar-se consciente, o homem que é plenamente consciente, tudo é a mesma coisa para a nossa linguagem. Num caso como no outro é sempre o "homem". Para evitar essa dificuldade e para facilitar a classificação das novas idéias que apresenta, este ensinamento divide o homem em *sete categorias.*

As três primeiras categorias estão praticamente no mesmo nível.

O homem n.º 1 é um homem no qual o centro instintivo ou o centro motor prevalece sobre os centros intelectual e emocional; dito de outro modo: é o homem físico.

O homem n.º 2 é um homem no qual o centro emocional prevalece sobre os centros intelectual, motor e instintivo: é o homem emocional.

O homem n.º 3 é um homem no qual o centro intelectual prevalece sobre os centros emocional, motor e instintivo: é o homem intelectual.

Na vida comum, só encontramos essas três categorias de homens. Cada um de nós, cada um daqueles que conhecemos é um homem n.º 1, um homem n.º 2 ou um homem n.º 3. Há categorias superiores de homens, mas nenhum de nós pertence, desde o nascimento, a essas categorias superiores. Os homens nascem todos n.ºˢ 1, 2 ou 3, e só podem atingir as categorias superiores passando por escolas.

O homem n.º 4 não nasceu como tal. É o produto de uma cultura de escola. Difere dos homens n.ºˢ 1, 2 ou 3, pelo conhecimento que tem de si mesmo, pela compreensão de sua própria situação e pelo fato de ter adquirido um *centro de gravidade permanente*. Esta última expressão significa que, para ele, a idéia de adquirir a unidade, a consciência, o "Eu" permanente e a vontade, isto é, a idéia de seu desenvolvimento, tornou-se mais importante que todos os seus outros interesses.

A essas características do homem n.º 4, é preciso acrescentar que suas funções e seus centros estão mais bem equilibrados, e isto num nível que ele jamais teria podido atingir antes de haver trabalhado sobre si mesmo segundo os princípios e métodos de uma escola.

O homem n.º 5 é um homem que adquiriu a *unidade* e a *consciência de si*. É diferente do homem comum, pois já trabalha nele um dos centros superiores e possui numerosas funções e poderes que o homem comum, os homens n.ºˢ 1, 2 ou 3, não possui.

O homem n.º 6 é um homem que adquiriu a *consciência objetiva*. Outro centro superior trabalha nele. Possui um número muito maior de faculdades e poderes novos, que estão muito além do entendimento do homem comum.

O homem n.º 7 é um homem que alcançou tudo o que um homem pode alcançar. Tem um *Eu permanente* e uma *vontade livre*. Pode controlar, em si mesmo, todos os estados de consciência e doravante não poderá perder absolutamente nada do que adquiriu. Segundo outra definição, *é imortal nos limites do sistema solar*.

É muito importante compreender essa divisão do homem em sete categorias, pois ela encontra aplicação em todas as formas possíveis de estudo da atividade humana. Constitui, nas mãos daqueles que a compreendem, uma ferramenta das mais sólidas, um instrumento dos mais sutis, para definir manifestações que, sem ela, são impossíveis de definir.

Tomem, por exemplo, os conceitos gerais de religião, de arte, de ciência e de filosofia. Começando pela religião, podemos ver de imediato que há, forçosamente, uma religião do homem n.º 1, que abarca todas as formas de fetichismo, seja qual for o nome que se lhes dê; uma religião do homem n.º 2, isto é, uma religião de emoção, de sentimento, que às vezes chega até ao fanatismo, até às formas mais brutais da intolerância, até à perseguição dos hereges, e assim por diante; uma religião do homem n.º 3, religião teórica, escolástica, cheia de argúcias sobre as palavras, as formas, os rituais, que assumem mais importância que qualquer outra coisa; uma religião do homem n.º 4, isto é, do homem que trabalha no desenvolvimento de si; uma religião do homem n.º 5, ou seja, a religião de um homem que alcançou a unidade e pode ver e conhecer muitas coisas que os homens n.ºs 1, 2 ou 3 não podem ver nem conhecer; por fim, uma religião do homem n.º 6 e uma religião do homem n.º 7, sobre as quais não podemos conhecer absolutamente nada.

A mesma divisão aplica-se à arte, à ciência e à filosofia. Deve haver uma arte do homem n.º 1, uma arte do homem n.º 2, uma arte do homem n.º 3; uma ciência do homem n.º 1, uma ciência do homem n.º 2, uma ciência do homem n.º 3, uma ciência do homem n.º 4, e assim por diante. Tentem encontrar exemplos por si mesmos.

Essa expansão dos conceitos aumenta muito nossas possibilidades de encontrar soluções justas para muitos de nossos problemas.

E isso significa que este ensinamento nos dá a possibilidade de *estudar uma nova linguagem* — quero dizer, nova para nós — que nos vai permitir concatenar idéias de categorias diferentes que, na realidade, estão ligadas, e separar idéias que parecem pertencer à mesma categoria, mas que, na realidade, são diferentes. A divisão da palavra "homem" em sete denominações: homem n.º 1, 2, 3, 4, 5, 6 e 7, com tudo o que daí decorre, é um exemplo dessa nova linguagem.

Temos assim uma quarta definição de psicologia: *a psicologia é o estudo de uma nova linguagem*. E essa nova linguagem é a *linguagem universal* que os homens se esforçam, às vezes, por descobrir ou inventar.

A expressão "linguagem universal" ou "filosófica" não deve ser tomada como metáfora. Essa linguagem é universal no mesmo sentido em que os símbolos matemáticos são universais. Ademais, ela contém em si mesma todas as interpretações que dela os homens poderão dar. Vocês só conhecem ainda algumas palavras dessa linguagem, mas elas já lhes dão a possibilidade de pensar e falar com mais precisão do que lhes permite a linguagem comum, ainda que usem terminologias e nomenclaturas científicas ou filosóficas.

TERCEIRA CONFERÊNCIA

A idéia de que o homem é uma máquina não é nova. É realmente o único ponto de vista científico possível, pois é baseado na experiência e na observação. Durante a segunda metade do século XIX, o que se chamava "psicofisiologia" dava uma definição muito boa da mecanicidade do homem. O homem era considerado incapaz de fazer qualquer movimento se não recebesse impressões exteriores. Os sábios dessa época sustentavam que, se fosse possível privar o homem, desde o nascimento, de qualquer impressão exterior ou interior, mas mantendo-o vivo, ele seria incapaz *de fazer o menor movimento.*

Tal experiência, evidentemente, é impossível, mesmo com um animal, pois o próprio processo de manutenção da vida — respiração, alimentação, etc. — produziria toda sorte de impressões, que desencadeariam diferentes movimentos reflexos, despertando depois o centro motor.

Essa idéia, entretanto, é interessante, pois mostra claramente que a atividade da máquina depende de impressões externas e começa com reações a essas impressões.

Na máquina, cada centro está perfeitamente adaptado para receber a espécie de impressões que lhe é própria e para responder a elas da maneira desejada. E, quando os centros trabalham corretamente, é possível calcular o trabalho da máquina. Pode-se prever e predizer muitos incidentes e reações que se produzirão na máquina. Pode-se estudá-los e até dirigi-los.

Infelizmente, os centros rarissimamente trabalham como deveriam, mesmo num homem considerado são e normal.

Isso porque os centros estão feitos de tal modo que podem, até certo ponto, substituir-se mutuamente. No plano original da natureza, a finalidade era, sem dúvida alguma, assegurar desse modo a continuidade do funcionamento dos centros e criar uma salvaguarda contra possíveis interrupções do trabalho da máquina, porquanto em certos casos uma interrupção poderia ser fatal.

Mas, nessas máquinas indisciplinadas que somos todos nós, a capacidade que têm os centros de trabalhar um pelo outro torna-se tão excessiva, que *cada um deles raramente faz seu próprio trabalho*. Quase a cada minuto, um ou outro centro abandona seu próprio trabalho e procura fazer o do outro, o qual, por sua vez, procura fazer o de um terceiro.

Os centros, como já disse, podem substituir-se um ao outro até certo ponto, mas não completamente; e, nesse caso, trabalham, evidentemente, de maneira muito menos eficaz. Por exemplo, o centro motor pode, dentro de certos limites, imitar o trabalho do centro intelectual, mas só produzirá pensamentos muito vagos, muito desconexos, como nos sonhos e devaneios. Por sua vez, o centro intelectual pode trabalhar em lugar do centro motor. Tente, por exemplo, escrever pensando em cada uma das letras e como formá-las. Você pode tentar experiências semelhantes, tratando de servir-se do pensamento para fazer qualquer coisa que as mãos ou as pernas podem realizar sem a ajuda dele. Tente, por exemplo, descer uma escada observando cada movimento, ou executar um trabalho manual que lhe seja familiar, calculando e preparando em pensamento cada pequeno gesto; verá logo quão mais difícil se torna o trabalho e até que ponto o centro intelectual é mais lento e mais desajeitado que o centro motor.

Pode ainda constatá-lo quando aprende um novo tipo de movimento. Suponha que você aprenda a escrever à máquina ou empreenda qualquer tipo de trabalho físico que seja novo ou, então, tome o exemplo do soldado que se exercita no manejo do fuzil. Durante algum tempo, todos os seus movimentos dependerão do centro intelectual e só mais tarde passarão ao centro motor.

Todos conhecemos o alívio que se experimenta quando os movimentos já se tornaram automáticos, quando os ajustes foram feitos e quando não há mais necessidade de *pensar* nem calcular incessantemente cada movimento. Isso significa que os movimentos passaram pará o centro motor, ao qual normalmente pertencem.

O centro instintivo pode trabalhar pelo centro emocional e este pode, ocasionalmente, trabalhar por todos os outros centros. Em certos casos, o centro intelectual pode trabalhar em lugar do centro instintivo, embora só possa fazer uma parte muito reduzida desse trabalho, a que se relaciona com os movimentos visíveis, os movimentos do tórax durante a respiração, por exemplo. É muito perigoso intervir nas funções normais do centro instintivo; é o caso da respiração artificial, descrita às vezes como "respiração dos iogues" e que só deve ser empreendida sob a vigilância de um mestre competente e experimentado.

Voltando ao trabalho incorreto dos centros, devo dizer que preenche praticamente toda a nossa vida. Nossas impressões esmaecidas, nossas vagas impressões, nossa falta de impressões, nossa lentidão em compreender muitas coisas, freqüentemente a nossa identificação e consideração, *mesmo a nossa mentira,* tudo isso depende do trabalho incorreto dos centros.

A idéia do trabalho incorreto dos centros não entra em nossa maneira de pensar, nem em nossa compreensão comum; não vemos todo o mal que nos faz este trabalho incorreto, toda a energia que consome sem necessidade, todas as dificuldades que nos cria.

Esse desconhecimento do trabalho incorreto de nossa máquina está habitualmente ligado à noção ilusória que temos de nossa unidade. Quando compreendemos até que ponto estamos divididos dentro de nós mesmos, começamos a dar-nos conta do perigo que representa este fato de uma parte de nós mesmos trabalhar em lugar de outra, sem que o saibamos.

O homem que deseja estudar-se e observar-se deverá, pois, estudar e observar não só o trabalho correto de seus centros, mas também o trabalho incorreto deles. É necessário conhecer todos os tipos de trabalho incorreto e seus traços característicos em determinados indivíduos. Sem conhecer as próprias imperfeições e defeitos, é impossível conhecer-se. E, além dos defeitos comuns a todos, cada um de nós tem seus defeitos particulares, próprios só de si mesmos, que devem ser estudados no momento oportuno.

Como já fiz notar no início, a idéia de que o homem *é* uma máquina posta em ação por influências exteriores é uma idéia realmente científica.

O que a ciência não sabe é que:

Primeiro: a máquina humana não atinge seu nível normal de atividade e trabalha muito abaixo desse nível, isto é, não dá toda a sua capacidade e não funciona com todas as suas partes.

Segundo: Apesar de numerosos obstáculos, a máquina humana é capaz de desenvolver-se e criar para si mesma níveis muito diferentes de receptividade e de ação.

Cumpre-nos falar agora das condições necessárias ao desenvolvimento, pois deve-se recordar que, se o desenvolvimento é possível, é também muito raro e requer muitas condições exteriores e interiores.

Quais são essas condições?

A primeira é que o homem deve compreender sua situação, suas dificuldades e suas possibilidades; deve ter um desejo muito forte de sair de seu estado presente ou um interesse muito grande pelo *novo estado desconhecido que a mudança deve trazer.* Em suma, deve experimentar uma violenta repugnância por seu estado presente ou uma viva atração pelo estado futuro que ele poderá alcançar.

Depois, é preciso ter uma certa preparação. O homem deve ser capaz de compreender o que se lhe diz.

Deve, além disso, encontrar-se em boas condições exteriores, deve ter tempo bastante para estudar e deve viver num ambiente que torne tal estudo possível.

Não podemos enumerar todas as condições necessárias. Mas, antes de tudo, elas comportam uma escola. E uma escola implica, no país onde existe, certas condições sociais e políticas, porque uma escola não pode existir em condições *quaisquer*; uma vida mais ou menos ordenada, um certo grau de cultura e de *liberdade individual* lhe são necessários. A esse respeito, nossa época não é particularmente favorável. No oriente, as escolas estão desaparecendo rapidamente. E parece que, em muitos países, sua existência se torna impossível.

Citei a esse respeito, no *Novo Modelo do Universo*, alguns versículos das *Leis de Manu*.

"Regras para um Snataka (Dono de casa):

CAPÍTULO IV

61. Que não resida em país governado por sudras, nem em país habitado por homens ímpios, nem em país conquistado pelos hereges, nem em país onde abundem os homens das castas mais baixas.
79. Que não permaneça, sequer à sombra de uma árvore, em companhia de pessoas degradadas, nem de *Tchândalas*, os mais baixos dos homens, nem de *Pukkasas*, nem de idiotas, nem de homens arrogantes, nem de homens de baixa classe, nem de *Antyâvasâyis* (coveiros).

CAPÍTULO VIII

22. Um reino povoado sobretudo por sudras, cheio de homens ímpios e privado de habitantes duas vezes nascidos, rapidamente perecerá por completo, atacado pela fome e pela doença."

Essas idéias das Leis de Manu são muito interessantes, porque dão ao homem uma base que lhe permitiria compreender as diferentes condições políticas e sociais *do ponto de vista do trabalho de escola,* distinguir as condições de um progresso real daquelas que só trazem a destruição de todos os verdadeiros valores, mesmo que seus partidários pretendam que estas condições sejam progressistas e, deste modo, cheguem a enganar um grande número de pobres de espírito.

No entanto, as condições exteriores não dependem de nós. Dentro de um certo limite e, às vezes com grandes dificuldades, podemos escolher o país onde preferimos viver, mas não podemos escolher nossa época. É no século onde o destino nos colocou que devemos nos esforçar para encontrar o que queremos.

Assim, devemos compreender que a própria preparação para o desenvolvimento de si exige um conjunto de condições exteriores e interiores raramente reunidas.

Ao mesmo tempo, porém, devemos compreender que, ao menos no que concerne às condições interiores, o homem não está inteiramente entregue à lei do acidente. Numerosas luzes foram preparadas em sua intenção, graças às quais ele pode encontrar seu caminho, se o deseja verdadeiramente e tem sorte. Suas possibilidades são tão diminutas, que o fator "sorte" não pode ser excluído.

Tentemos agora responder à pergunta: de onde nasce, no homem, o desejo de adquirir um novo conhecimento e de mudar?

O homem vive *sob duas espécies de influências*. Isso deve ser bem compreendido. E a diferença entre as duas espécies de influências deve ser muito clara.

A primeira consiste em interesses e atrações criados *pela própria vida*: interesses de saúde, segurança, conforto, fortuna, prazeres, distrações, vaidade, orgulho, reputação, etc.

A segunda consiste em interesses de outra ordem, despertados por idéias que não são criadas pela vida, *mas que têm origem nas escolas*. Essas influências não atingem o homem diretamente. São jogadas no turbilhão geral da vida, passam através de muitos espíritos diferentes e atingem o homem pela filosofia, pela ciência, pela religião e pela arte, sempre mescladas às influências da primeira espécie, e acabam por perder qualquer semelhança com o que eram no começo.

O mais das vezes, o homem não discerne a diferença de origem das influências da segunda espécie e explica-as para si mesmo como tendo a mesma origem que as da primeira espécie.

Embora o homem ignore a existência de duas espécies de influências, ambas se exercem sobre ele e, de uma maneira ou de outra, ele reage a elas.

Ele pode estar mais ou menos identificado com uma ou várias influências da primeira espécie e não sentir as influências da segunda. Ou, então, pode ser atraído e tocado por esta ou aquela influência da segunda espécie. Em cada caso, o resultado será diferente.

Chamaremos a primeira espécie de influência, influência A e a segunda, influência B.

Se um homem está completamente em poder das influências A, ou de uma influência A em particular, e totalmente indiferente às influências B, nada mudará para ele e suas possibilidades de desenvolvimento diminuirão de ano para ano. Numa certa idade, às vezes até muito cedo, elas podem desaparecer para sempre, o que equivale a dizer que o homem morre, embora permaneça fisicamente vivo, como uma semente sem condições de germinar e de produzir uma planta.

Mas se, ao contrário, o homem não estiver completamente em poder das influências A e certas influências B o atraírem, o comoverem, fizerem-no pensar, *os resultados das impressões que elas produzirem aglomerar-se-ão nele*, atraindo outras influências da mesma espécie, e crescerão, ocupando um lugar cada vez mais importante em seu espírito e em sua vida.

Quando os resultados das influências B tiverem adquirido bastante força, fundir-se-ão para formar no homem o que se chama *centro magnético*. É preciso compreender de imediato que a palavra "centro" não tem aqui o mesmo sentido que nas expressões "centro intelectual" ou "centro motor". Estes últimos pertencem à essência. *O centro magnético* pertence à personalidade; é simplesmente um grupo de interesses que, ao se tornarem bastante fortes, servem até certo ponto como fator de orientação e de controle. O centro magnético canaliza nossos interesses em determinada direção e ajuda-os a nela se manterem.

Ao mesmo tempo, ele não pode fazer grande coisa por si mesmo. Uma escola é necessária. O centro magnético não pode substituir uma escola, mas pode ajudar a tomar consciência da necessidade de uma escola; pode ajudar a pôr-se em busca de uma escola ou, se o homem por acaso encontrar uma, pode ajudá-lo a reconhecê-la e a tentar não perdê-la. Pois nada é mais fácil de perder que uma escola.

A posse de um centro magnético é a primeira exigência, aliás não formulada, de uma escola. Se um homem for privado de centro magnético, ou se tiver um centro magnético insignificante ou, ainda, se tiver vários centros magnéticos contraditórios, isto é, se estiver simultaneamente interessado em coisas incompatíveis, no momento em que encontrar uma escola, não se interessará por ela ou criticá-la-á antes mesmo de saber algo ou, então, seu interesse desaparecerá rapidamente diante das primeiras dificuldades do trabalho de escola. E esta é a principal salvaguarda de uma escola. Sem isso, a escola estaria atravancada de pessoas não-qualificadas, que fariam desviar imediatamente o ensinamento.

Um verdadeiro centro magnético ajuda não só a reconhecer uma escola, mas também a *assimilar* o ensinamento da escola, que difere tanto das influências A quanto das influências B e pode ser chamado influência C.

A influência C só pode ser transmitida pela palavra, por ensinamento direto, por explicação e demonstração.

Quando um homem enccntra a influência C e se mostra capaz de assimilá-la, diz-se dele que, em certo ponto de si mesmo, isto é, em seu *centro magnético,* está libertado da lei do acidente.

A partir desse momento, o centro magnético desempenhou o seu papel. Conduziu o homem a uma escola ou ajudou-o a dar os primeiros passos nela. Daí por diante, as idéias e o ensinamento da escola ocupam o lugar do centro magnético e começam a penetrar lentamente nas diferentes partes da personalidade e, depois, com o tempo, até a essência.

Podem-se colher muitas informações sobre as escolas, sua organização e sua atividade, simplesmente lendo e estudando os períodos da história em que as escolas eram mais acessíveis. Mas há certas coisas que só se podem aprender nas próprias escolas. E as explicações dos princípios e das regras de escola ocupam um lugar muito grande em seu ensinamento.

Um dos mais importantes princípios que se aprendem desse modo é que o verdadeiro trabalho de escola deve ser feito *simultaneamente em três linhas.* Um trabalho em uma linha ou um trabalho em duas linhas não pode ser verdadeiro "trabalho de escola".

Quais são essas três linhas?

Na primeira conferência, disse que estas conferências não são uma escola. Agora vou poder explicar porque elas não são uma escola.

Um dia, durante uma conferência, fizeram esta pergunta: "Aqueles que estudam este ensinamento trabalham só para si mesmos ou trabalham para os outros?" Vou respondê-la agora.

A primeira linha de trabalho é o estudo de si e o estudo do ensinamento ou da "linguagem". Quem trabalha nesta linha trabalha seguramente *para si mesmo*.

A segunda linha é o trabalho com outras pessoas pertencentes à escola; trabalhando com elas, não se trabalha somente *com* elas, mas *para* elas. Assim, na segunda linha, aprende-se a trabalhar com seres humanos e para seres humanos.

Eis por que a segunda linha de trabalho é particularmente difícil para certas pessoas.

Na terceira linha, trabalha-se *para a escola*. A fim de poder trabalhar para a escola, é necessário, em primeiro lugar, *compreender* o trabalho da escola, compreender suas metas e suas necessidades. E isso exige tempo, a menos que se esteja realmente bem preparado: certas pessoas podem até *começar* pela terceira linha ou, em todo caso, reconhecê-la com muita facilidade.

Quando dizia que estas conferências não são uma escola, queria dizer que elas só permitem uma única linha de trabalho, quer dizer, o estudo do ensinamento e o estudo de si. É verdade que o próprio fato de estudar junto, permite aos homens travar conhecimento com a segunda linha de trabalho; pelo menos aprendem a *suportar-se uns aos outros* e, se sua visão for bastante ampla e sua percepção bastante rápida, poderão até vislumbrar a segunda e a terceira linhas de trabalho. Entretanto, não se pode esperar muito destas simples conferências.

Na segunda linha de trabalho, quando a escola está completamente organizada, os alunos devem não só *falar* juntos, mas *trabalhar* juntos, e este trabalho pode assumir formas muito diferentes, mas deve sempre, de uma maneira ou de outra, *ser útil à escola*. Isso significa que, trabalhando na primeira linha, estuda-se a segunda e, trabalhando na segunda linha, estuda-se a terceira. Mais tarde, aprenderão por que estas três linhas são todas necessárias e por que, sem elas, não há trabalho que possa progredir eficazmente em direção a uma meta bem definida.

Desde já podem compreender a razão principal dessa necessidade de três linhas de trabalho, se se derem conta de que o homem está adormecido e de que, seja qual for o trabalho que empreenda, ele perde rapidamente todo o interesse por esse trabalho e o prossegue mecanicamente. São necessárias três linhas, principalmente porque o trabalho em uma linha desperta o homem que adormece em outra. Se trabalharmos realmente em três linhas, jamais poderemos cair totalmente no sono; em todo caso, não poderemos dormir tão tranqüilamente quanto antes; seremos constantemente despertados e veremos que nosso trabalho se deteve.

Posso ainda indicar-lhes uma diferença bem característica entre as três linhas de trabalho.

Na primeira linha, o trabalho essencial é o estudo do ensinamento, o estudo de si, a observação de si e deve-se demonstrar, em seu trabalho, certa iniciativa em relação a si mesmo.

Na segunda linha, participa-se de um trabalho organizado, onde cada um só deve *fazer o que lhe é pedido*. Nenhuma iniciativa é exigida, nem mesmo admitida na segunda linha. Aí, o essencial é a *disciplina*; trata-se de conformar-se exatamente com o que lhe é dito, sem deixar intervir a menor idéia pessoal, mesmo que esta pareça melhor que as que foram dadas.

Na terceira linha, pode-se novamente manifestar certa iniciativa, mas deve-se sempre *exercer um controle* sobre si e não se permitir tomar decisões contrárias às regras e princípios ou contrárias ao que foi pedido.

Disse que o trabalho começa pelo estudo da linguagem. A esse respeito, ser-lhes-á muito útil ver que já conhecem certo número de palavras desta nova linguagem e ser-lhes-á igualmente útil reuni-las e listá-las. Devem, porém, escrevê-las sem nenhum comentário, isto é, sem interpretá-las; os comentários, interpretações ou explicações devem estar em sua compreensão. Não podem transcrevê-los. Se isso fosse possível, o estudo dos ensinamentos psicológicos seria muito simples. Bastaria publicar uma espécie de dicionário ou glossário e cada um saberia tudo aquilo que é necessário saber. Infeliz, ou felizmente, isso é impossível, e os homens devem aprender a trabalhar cada um por si mesmo.

Voltemos aos centros e tratemos de descobrir por que não podemos desenvolver-nos mais rapidamente, sem passar por um longo trabalho de escola.

Sabemos que, quando aprendemos alguma coisa, acumulamos novos materiais em nossa memória. Mas o que é nossa memória? Para compreendê-lo, devemos aprender a considerar os centros como máquinas distintas e independentes, que comportam rolos de matéria sensível que podem ser comparados com as *matrizes de fonógrafo*. Tudo o que nos acontece, tudo o que vemos, tudo o que ouvimos, tudo o que sentimos, tudo o que aprendemos, é registrado nesses rolos. Em outros termos, todos os acontecimentos interiores e exteriores deixam certas "impressões" nesses rolos. "Impressões" é uma palavra muito boa, porque aí se trata realmente de uma *impressão*, de uma *pegada*. Uma impressão pode ser profunda, pode ser superficial ou simplesmente pode ser uma impressão fugaz, que desaparece rapidamente, sem deixar vestígio. Mas, profundas ou superficiais, são sempre impressões. E essas impressões nos rolos são tudo o que possuímos. Tudo o que conhecemos, tudo o que aprendemos, tudo o que experimentamos, tudo está aí, em nossos rolos. Igualmente, todos os nossos processos de pensamento, nossos cálculos, nossas especulações limitam-se a comparar as inscrições dos rolos, a relê-las ainda e sempre, a tentar relacioná-las para compreendê-las, e assim por diante. Não podemos pensar nada de novo, nada que não se encontre escrito nos rolos. Nada podemos dizer nem fazer que não corresponda a uma inscrição nos rolos. Não podemos inventar um pensamento novo, assim como não podemos inventar um novo animal, visto que todas as nossas idéias de animais se baseiam na observação de animais já existentes.

As inscrições ou impressões gravadas nos rolos são postas em relação pelas associações. As associações põem em relação impressões que são recebidas simultaneamente ou que têm entre si uma certa similitude.

Disse, na primeira conferência, que a memória depende da consciência e que só recordamos efetivamente os momentos em que tivemos vislumbres de consciência. É bem evidente que impressões diferentes, recebidas simultaneamente e, portanto, ligadas entre si, permanecerão por mais tempo na memória do que impressões desconexas. No clarão de consciência de si, ou mesmo à sua aproximação, todas as impressões do momento encontram-se ligadas e permanecem ligadas na memória. Ocorre o mesmo com as impressões que apresentam uma similitude interior. Se o homem for mais consciente no momento em que receber impressões, ele estabelecerá melhor ligação entre as impressões novas e as impressões antigas que se lhes assemelhem, e elas permanecerão associadas na memória.

Ao contrário, se o homem receber impressões num estado de identificação, sequer as notará e os vestígios delas desaparecerão, antes mesmo de terem sido examinadas ou associadas.

No estado de identificação, o homem não vê nem ouve. Fica completamente imerso nos seus agravos, nos seus desejos ou na sua imaginação. O homem não pode se separar das coisas, dos sentimentos ou das lembranças; fica apartado de todo o resto do mundo.

QUARTA CONFERÊNCIA

Começaremos hoje por um exame mais detalhado dos centros. Eis o diagrama dos quatro centros:

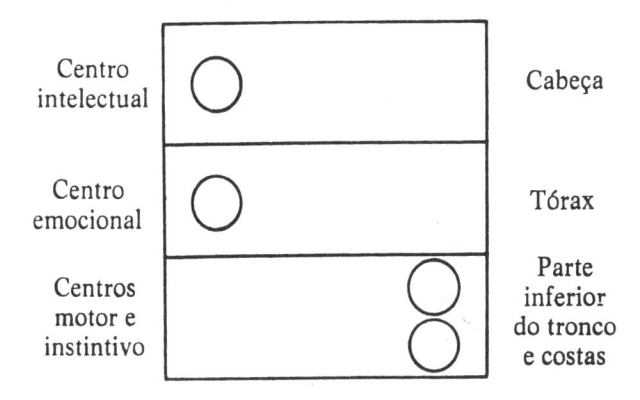

Centro intelectual	○	Cabeça
Centro emocional	○	Tórax
Centros motor e instintivo	○ ○	Parte inferior do tronco e costas

Este diagrama mostra o homem de pé, de perfil, olhando para a esquerda e indica a posição respectiva dos centros, de maneira muito esquemática.

Na realidade cada centro ocupa o corpo todo e penetra, por assim dizer, no organismo inteiro.

Ao mesmo tempo, cada centro possui o que se chama seu "centro de gravidade". O centro de gravidade do centro intelectual está no cérebro; o centro de gravidade do centro emocional está no plexo solar; os centros de gravidade do centro motor e do centro instintivo estão na medula espinhal.

É necessário compreender que, no estado atual de nossos conhecimentos, não temos meio algum de verificar essa asserção, principalmente porque cada centro possui numerosas propriedades que permanecem ignoradas pela ciência moderna, mesmo no plano *anatômico*. Isso pode parecer estranho, mas o fato é que a anatomia do corpo humano está longe de ser uma ciência completa.

De modo que, como os centros nos são inacessíveis, o estudo deles deve começar pela observação de suas funções, que se oferecem inteiramente a nossas pesquisas.

Trata-se aí de uma maneira de proceder de todo usual. Nas diferentes ciências — física, química, astronomia, fisiologia — quando não podemos alcançar os fatos, objetos ou matérias que queremos estudar, devemos começar pelo estudo de seus *resultados* ou de seus *vestígios*. No caso presente ocupar-nos-emos das próprias funções dos centros, de modo que tudo que estabelecermos a propósito das funções poderá aplicar-se aos centros.

Os centros têm muitos pontos comuns, mas, ao mesmo tempo, cada centro possui características particulares que nunca devemos perder de vista.

Um dos princípios mais importantes a compreender é a grande diferença que existe entre as velocidades dos centros, isto é, entre as velocidades respectivas de suas funções.

O mais lento é o centro intelectual. A seguir, embora muito mais rápidos, vêm os centros instintivo e motor, que têm mais ou menos a mesma velocidade. O mais rápido de todos é o centro emocional e, no entanto, no estado de "sono desperto", só muito raramente trabalha com uma velocidade próxima de sua velocidade real; em geral, trabalha com a velocidade dos centros instintivo e motor.

A observação pode ajudar-nos a constatar uma grande diferença na velocidade das funções, mas não nos pode dar números exatos. Na realidade, a diferença entre as funções de um mesmo organismo é muito grande, maior do que se pode imaginar. Como acabo de dizer, não podemos, com nossos meios ordinários, calcular a diferença de velocidade dos centros, mas se nos disserem qual é, poderemos encontrar muitos fatos que confirmarão, senão os números exatos, pelo menos a existência de uma enorme diferença.

Antes de citar números, desejo falar-lhes das observações ordinárias que se podem fazer sem nenhum conhecimento especial.

Tentem, por exemplo, comparar a velocidade dos processos mentais com a das funções motoras. Tentem observar-se quando tiverem de fazer simultaneamente numerosos movimentos rápidos: dirigir um carro numa rua muito congestionada, galopar por um mau caminho ou fazer qualquer outro trabalho que exija um pronto julgamento e reflexos instantâneos. Verão, de imediato, que não podem observar todos os seus movimentos. Terão de diminuir sua velocidade ou, então, deixar escapar a maior parte de suas observações, senão correrão o risco de um acidente e, provavelmente, isso acontecerá, se persistirem em observar-se a si mesmos. Poderíamos multiplicar tais constatações, em particular sobre o centro emocional, que é ainda mais rápido. Todos temos feito tais observações sobre a diferença de velocidade das funções, mas é muito raro que saibamos reconhecer o valor de nossas próprias observações e experiências. Somente quando conhecemos o princípio é que começamos a compreender nossas observações anteriores.

Não obstante, vocês devem saber que todos os números relativos a essas velocidades diferentes são conhecidos pelas escolas e demonstrados por seu ensinamento. Como verão mais adiante, a relação de velocidade dos centros expressa-se por um número surpreendente, que tem sentido cósmico, isto é, que entra em numerosos processos cósmicos, ou melhor, que divide um pelo outro numerosos processos cósmicos. Esse número é 30 000. O que equivale a dizer que os centros motor e instintivo são 30 000 vezes mais rápidos que o centro intelectual. E que o centro emocional, quando trabalha com a velocidade que lhe é própria, é 30 000 vezes mais rápido que os centros motor e instintivo.

É difícil crer que haja tal diferença entre as velocidades das funções de um mesmo organismo. Na realidade, isso quer dizer que cada um dos diversos centros tem *um tempo completamente diferente.*

Os centros motor e instintivo têm um tempo 30 000 vezes mais longo que o centro intelectual e o centro emocional tem um tempo 30 000 vezes mais longo que os centros motor e instintivo.

Vêem claramente o que significa um "tempo mais longo"? Significa que, para cada trabalho, um centro dispõe de certo tempo a mais que outro centro. Por mais singular que isto pareça, o fato da grande diferença de velocidade dos centros explica grande número de fenômenos bem conhecidos, que a ciência ordinária não pode explicar e geralmente deixa passar em silêncio ou simplesmente recusa discutir.

Quero falar da velocidade espantosa, aparentemente inexplicável, de certos processos fisiológicos.

Por exemplo, um homem bebe um copo de bebida alcoólica e, *no mesmo instante*, em menos de um segundo, experimenta todas as espécies de sensações novas: uma sensação de calor, de relaxamento, de alívio, um sentimento de paz, de contentamento, de bem-estar ou, ao contrário, de angústia, de irritação, e assim por diante. O que ele sente pode ser diferente segundo os casos; mas o certo é que o corpo reage *muito rapidamente* ao estimulante, quase instantaneamente.

Não é necessário, aliás, tomar o exemplo da bebida alcoólica ou de qualquer outro estimulante; se um homem tem muita sede ou muita fome, um copo de água ou um pedaço de pão produzirão o mesmo efeito súbito.

Podem-se constatar fenômenos semelhantes, que evidenciam a enorme velocidade de certos processos, particularmente quando se observam os sonhos. Citei exemplos deste gênero em *Um Novo Modelo do Universo*.

Existe a mesma diferença entre o centro instintivo e o centro intelectual, do mesmo modo que existe entre o centro motor e o centro intelectual. Mas estamos de tal modo habituados a esses fenômenos, que não notamos quão estranhos e incompreensíveis eles são.

Naturalmente, para um homem que jamais dirigiu sua atenção sobre si mesmo e nunca tentou estudar-se, nada há de estranho nisso, como, aliás, em qualquer outra coisa. Mas, na realidade, do ponto de vista da fisiologia comum, esses fenômenos parecem quase milagrosos.

O fisiologista sabe quantos processos complicados se efetuam entre o momento em que se ingere um gole de bebida alcoólica ou um copo dágua e o momento em que se sentem os efeitos. Cada substância que entra no organismo pela boca deve ser analisada, submetida a provas diversas, antes de ser aceita ou rejeitada. E tudo isso se passa em menos de um segundo.

É um milagre e, ao mesmo tempo, não é. Pois se conhecermos a diferença de velocidade dos centros e se nos lembrarmos de que o centro instintivo, a quem cabe esse trabalho, tem 30 000 vezes mais tempo que o centro intelectual, do qual nos servimos para medir nosso tempo ordinário, compreenderemos como tal coisa pode produzir-se. Isso significa que o centro instintivo dispõe, não de um segundo, mas de *mais de oito horas* de seu tempo próprio para fazer esse trabalho; e, em oito horas, esse trabalho pode certamente ser executado sem pressa inútil num laboratório comum. Assim, nossa idéia sobre a extraordinária rapidez desse processo é mera ilusão, devido ao fato de que consideramos nosso tempo ordinário ou tempo do centro intelectual, como o único existente.

Voltaremos mais adiante ao estudo da diferença de velocidade dos centros.

Tentemos agora compreender outra característica dos centros, o que nos fornecerá mais tarde excelentes dados para a observação de si e para o trabalho sobre si.

Vamos supor que cada centro está dividido em duas partes, positiva e negativa.

Esta divisão é particularmente clara para o centro intelectual e para o centro instintivo.

Assim, todo o trabalho do centro intelectual se divide em duas partes: *afirmação* e *negação*; *sim* e *não*. A cada instante, em nosso pensamento, uma das duas prevalece sobre a outra ou, então, ambas têm força igual, de onde a indecisão. A parte negativa do centro intelectual é tão útil quanto a parte positiva e o menor enfraquecimento da força de uma com respeito à outra acarreta perturbações mentais.

No trabalho do centro instintivo, a divisão é também muito clara e as duas partes, positiva e negativa, são ambas necessárias para uma orientação justa na vida.

As sensações positivas ou agradáveis, de paladar, olfato, tato, calor, frescor, ar puro, todas atestam condições salutares à existência; e as sensações negativas ou desagradáveis, de mau sabor, de mau cheiro, de contato desagradável, a impressão de calor sufocante ou de frio excessivo, todas atestam condições prejudiciais à existência.

Em resumo, pode-se dizer que, na vida, não é possível nenhuma orientação verdadeira, na ausência de sensações, tanto agradáveis como desagradáveis. São elas o guia seguro de toda a vida animal na terra e a menor alteração que sofram acarretará desorientação e, em conseqüência, perigo de enfermidade ou de morte.

Pensem quão rapidamente se envenenaria um homem, se perdesse todo o sentido do paladar ou do olfato ou se, por algum artifício, superasse seu asco natural às sensações desagradáveis.

No centro motor, a divisão em duas partes — positiva e negativa — deve ser tomada num sentido lógico: o movimento em oposição ao repouso. Não tem utilidade para a observação prática.

No centro emocional, à primeira vista, a divisão é simples e evidente. Se tomarmos as emoções agradáveis, tais como alegria, simpatia, afeição, confiança em si, como atinentes à parte positiva, e as emoções desagradáveis, tais como aborrecimento, irritação, ciúme, inveja, medo, como atinentes à parte negativa, as coisas parecerão muito simples; na realidade, são muito mais complicadas.

Para começar, não há parte negativa natural no centro emocional. Em sua maioria, as emoções negativas são artificiais, não pertencem ao centro emocional propriamente dito e estão baseadas em emoções instintivas que lhes são completamente estranhas, mas que são desnaturadas pela imaginação e pela identificação. Esse é o único sentido real das teorias de James e de Lange, muito conhecidas em determinada época. Ambos insistiam no fato de que todas as emoções são, na realidade, sensações que acompanham as mudanças que se operam nos órgãos internos e nos tecidos, mudanças anteriores às sensações e que são suas causas verdadeiras. Queriam dizer que os acontecimentos exteriores e os processos internos não provocam a emoção. Os acontecimentos exteriores e os processos internos desencadeiam reflexos internos, os quais desencadeiam sensações que são interpretadas como emoções. Por outro lado, as emoções positivas tais como "amor", "esperança", "fé", como são habitualmente compreendidas, isto é, como emoções permanentes, não são acessíveis ao homem em seu estado *ordinário* de consciência. Exigem estados de consciência mais elevados; exigem a unidade interior, a consciência de si, um "Eu" permanente e a vontade.

As emoções positivas são emoções que não podem tornar-se negativas. Ora, todas as nossas emoções agradáveis, tais como alegria, simpatia, afeição, confiança em si, podem a cada instante degenerar em aborrecimento, irritação, inveja, temor, etc. O amor pode tornar-se ciúme ou medo de perder o que se ama, ou cólera e ódio; a esperança pode converter-se em devaneio e quimeras, e a fé, em superstição e aceitação apática de tolices reconfortantes.

Até uma pura emoção intelectual, como o desejo de conhecer, ou uma emoção estética, como, por exemplo, um sentimento de beleza ou harmonia, desde que caia na identificação, associa-se, de imediato, com emoções de ordem negativa, tais como o orgulho, a vaidade, o egoísmo, o amor-próprio, e assim por diante.

Pode-se, portanto, dizer, sem risco de erro, que não podemos ter emoções positivas. Por outro lado, é igualmente verdadeiro que não temos emoções negativas que possam existir sem imaginação nem identificação. Não se pode negar, naturalmente, que, ao lado dos múltiplos sofrimentos físicos pertencentes ao centro instintivo, o homem tem muitos sofrimentos morais que pertencem ao centro emocional. Há muitas tristezas, agravos, temores, apreensões, etc., que não se podem evitar e estão ligados tão intimamente à vida do homem quanto a doença, a dor e a morte. Entretanto, esses sofrimentos morais nada têm a ver com as emoções negativas, baseadas na imaginação e na identificação.

As emoções negativas são um fenômeno terrível. Ocupam um lugar enorme em nossa vida. Pode-se dizer de muitas pessoas que a sua vida inteira é regulada, controlada e finalmente arruinada por *emoções negativas*. Ao mesmo tempo, as emoções negativas não desempenham nenhum papel útil em nossas vidas. Não servem para nos orientar, não nos trazem conhecimento algum, não nos guiam de nenhuma maneira sensata. Ao contrário, estragam todos os nossos prazeres, fazem de nossa vida um fardo e opõem obstáculos muito reais ao nosso desenvolvimento possível, *porque nada é mais mecânico em nossa vida do que as emoções negativas.*

O homem, em seu estado ordinário, nunca pode dominar suas emoções negativas. Aqueles que crêem poder dominar suas emoções negativas e manifestá-las, quando melhor lhes parecer, simplesmente se iludem. As emoções negativas dependem da identificação. Cada vez que a identificação é destruída, desaparecem. O que há de mais estranho e fantástico no caso das emoções negativas é que as pessoas as adoram. Parece-me que, para um homem mecânico comum, a coisa mais difícil de admitir é que nem suas próprias emoções negativas nem as dos outros têm o menor valor *e que não contêm nada de nobre, nada de belo, nada de forte.* Na realidade, as emoções negativas só contêm fraqueza e, freqüentemente mesmo, são o início da histeria, da loucura ou do crime. Seu único lado bom é que, sendo perfeitamente inúteis e totalmente criadas pela imaginação e pela identificação, podem ser destruídas sem prejuízo algum. E aí está a única oportunidade que o homem tem de escapar delas.

Se as emoções negativas fossem úteis ou necessárias para o menor objetivo e se constituíssem uma função de uma parte do centro emocional, cuja existência fosse real, o homem não teria chance alguma de desenvolvimento, porque nenhum desenvolvimento é possível, enquanto o homem fica com suas emoções negativas.

Na linguagem das escolas, existe um preceito relativo à luta contra as emoções negativas: *O homem deve sacrificar seu sofrimento.*

Dir-se-á: "Haverá algo mais fácil a sacrificar"? Mas, na realidade, as pessoas sacrificariam tudo, exceto suas emoções negativas. Não há prazer nem gozo que o homem não esteja pronto a sacrificar por razões fúteis, mas jamais sacrificará seu sofrimento. E, em certo sentido, isso se explica.

Obnubilado por velha superstição, o homem espera sempre algo do sacrifício de seus prazeres, mas nada espera do sacrifício de seu sofrimento. Está cheio de idéias falsas sobre o sofrimento. Continua pensando que o sofrimento lhe é enviado por Deus ou por deuses, para seu castigo ou sua edificação, e sentirá até medo de saber que é possível desembaraçar-se tão simplesmente de seu sofrimento. O que torna essa idéia ainda mais difícil de compreender é a existência de numerosos sofrimentos, dos quais o homem não pode realmente libertar-se, sem contar todos os sofrimentos baseados na imaginação e aos quais não pode nem quer renunciar, tais como a idéia de injustiça e a crença na possibilidade de suprimi-la.

Além disso, muitas pessoas só têm emoções negativas. Todos os seus "eus" são negativos. Se se tirassem delas suas emoções negativas, simplesmente desabariam e se desfariam em fumaça.

Que seria de toda a nossa vida sem as *emoções negativas*? Que sucederia com o que chamamos "arte", com o teatro, o drama, a maioria dos romances?

Infelizmente não há chance alguma de que as emoções negativas desapareçam por si mesmas. As emoções negativas só podem ser dominadas e só podem desaparecer com a ajuda das escolas, de sua ciência e de seus métodos. A luta contra as emoções negativas faz parte da disciplina das escolas, está estreitamente ligada a todo o trabalho das escolas.

Qual é, pois, a origem das emoções negativas, dado que são artificiais, anormais e inúteis? Como não conhecemos a origem do homem, não estamos em condições de discutir essa questão; só podemos falar das emoções negativas e de sua origem com relação a nós mesmos e a nossas vidas. Por exemplo, observando as crianças, podemos ver como *as emoções negativas* lhes são ensinadas e como as aprendem sozinhas imitando os adultos e as crianças mais velhas.

Se, desde os primeiros dias de vida, uma criança pudesse ser rodeada de pessoas que não tivessem emoções negativas, provavelmente não teria nenhuma ou teria tão poucas que poderiam ser facilmente dominadas por meio de uma educação correta. Mas, na vida atual, é bem diferente e, graças a todos os exemplos que pode ver e ouvir, graças às leituras, ao cinema, etc., uma criança de dez anos já conhece toda a gama de emoções negativas e pode imaginá-las, reproduzi-las e identificar-se com elas tão bem quanto um adulto.

Nos adultos, as emoções negativas são mantidas pela literatura e pela arte que, sem cessar, as justificam e as glorificam, bem como pela justificação pessoal e pela indulgência que têm por si mesmos. Até quando estamos fartos dessas emoções negativas, não cremos que nos seja possível livrar-nos completamente delas.

Na realidade, temos muito mais poder do que pensamos sobre as emoções negativas, sobretudo a partir do momento em que sabemos o quanto são perigosas e como é urgente lutar contra elas. Mas encontramos demasiadas desculpas para elas e nadamos no oceano do egoísmo ou da autocompaixão, segundo o caso, descobrindo faltas em toda parte, salvo em nós.

O que acaba de ser dito mostra que nos encontramos numa estranha situação quanto ao nosso centro emocional. Ele não tem parte positiva nem parte negativa. Na maioria dos casos, suas funções negativas são inventadas e há muitas pessoas que nem sequer uma vez em sua vida experimentaram uma emoção *real*, tão ocupada está sua existência com emoções imaginárias.

De modo que não podemos dizer que nosso centro emocional está dividido em duas partes, positiva e negativa. Podemos dizer apenas que temos emoções *agradáveis* e emoções *desagradáveis* e que todas as emoções que não são negativas no momento *podem tornar-se negativas à menor provocação ou até sem provocação alguma.*

Assim é o verdadeiro quadro de nossa vida emocional e, se nos olharmos sinceramente, deveremos dar-nos conta de que, enquanto cultivarmos e admirarmos em nós mesmos todas essas emoções envenenadas, não poderemos esperar ser capazes de desenvolver a *unidade*, a *consciência* ou a *vontade*. Se tal desenvolvimento fosse possível, todas essas emoções negativas se integrariam em nosso novo ser e tornar-se-iam permanentes em nós. O que significaria para nós a impossibilidade de algum dia nos desembaraçarmos delas. Felizmente para nós tal eventualidade está excluída.

Em nosso estado atual, o único iado bom é que nada é permanente em nós; se a menor coisa se tornar permanente, será sinal de loucura. Somente os alienados podem ter um ego permanente.

Diga-se, de passagem, que esse fato reduz a nada certo termo errôneo que também se insinuou na linguagem psicológica atual sob a influência da "psicanálise": refiro-me à palavra "complexo".

Não há nada que corresponda à idéia de "complexo", em nossa estrutura psicológica. O que hoje se denomina "complexo" era chamado "idéia fixa" pelos psiquiatras do século XIX e as "idéias fixas" eram consideradas sinal de loucura, o que continua sendo perfeitamente correto.

Um homem normal não pode ter "idéias fixas", "complexos" nem "fixações". É útil lembrar-se disso, no caso de alguém tentar encontrar complexos em vocês. Como somos, já temos bastantes traços maus e nossas chances são muito pequenas, mesmo sem complexos.

Voltemos agora à questão do trabalho sobre si e perguntemo-nos quais são realmente nossas chances. Devemos descobrir em nós mesmos funções e manifestações que podemos mais ou menos dominar e devemos exercer esse poder, tratando de aumentá-lo o mais possível. Por exemplo, temos um certo controle sobre nossos movimentos e, em certas escolas, particularmente no Oriente, o trabalho sobre si começa pela aquisição de um domínio, tão completo quanto possível, dos movimentos. Isso, porém, requer muito tempo; para tanto é necessário um treinamento especial, que supõe o estudo de exercícios muito complexos. Nas condições de vida moderna, temos mais controle sobre nossos pensamentos; existe, aliás, um método especial segundo o qual podemos trabalhar no desenvolvimento de nossa consciência, fazendo uso do instrumento que melhor obedece à nossa vontade, isto é, nossa *mente* ou nosso centro intelectual.

Para compreender melhor o que vou dizer, tratem de recordar que não temos nenhum controle sobre nossa consciência. Quando disse que nos podemos tornar mais conscientes ou que um homem pode conhecer um instante de consciência, simplesmente porque lhe perguntam se está consciente ou não, empreguei as palavras "conscientes" ou "consciência" num sentido relativo. Há numerosos graus de consciência e cada um desses graus significa "consciência" com relação a um grau inferior. Mas, se não temos poder algum sobre a consciência, temos um certo controle sobre nosso modo de pensar na consciência e podemos construir nossos pensamentos de tal maneira que nos tragam a consciência. Quero dizer que, dando a nossos pensamentos a orientação que teriam num momento de consciência, podemos fazer vir a consciência.

Tentem agora precisar o que notaram quando tentavam observar-se.

Vocês devem ter notado três coisas:

Primeiro, *que vocês não se lembram de si mesmos*, isto é, que não tomam conhecimento de si mesmos, no momento em que tentam observar-se.

Segundo, que a observação se torna difícil devido ao fluxo incessante dos pensamentos, das imagens, dos ecos de conversas, dos impulsos emocionais que atravessam seu espírito e que, com muita freqüência, distraem a sua atenção da observação.

Finalmente, terão notado que, no momento em que começam a se observar, algo em vocês desencadeia a imaginação e que a observação de si, se a tentarem realmente, é uma luta constante contra a imaginação.

Eis aqui o ponto essencial no trabalho sobre si. Se o homem se der conta de que, no trabalho, todas as dificuldades provêm do fato de que não pode *lembrar-se de si mesmo*, já sabe o que deverá fazer.

Deve tratar de lembrar-se de si mesmo.

Para isso, deve lutar contra os pensamentos mecânicos e contra a imaginação.

Se o fizer escrupulosamente, com perseverança, os resultados não tardarão a aparecer. Mas não deve crer que a coisa seja fácil, nem que possa dominar essa técnica de imediato.

A *lembrança de si* é um ato cujo exercício é difícil. A lembrança de si não deve basear-se na espera dos resultados, pois poder-se-ia então identificar-se com seus próprios esforços. Deve basear-se na compreensão do fato de que não nos lembramos de nós mesmos, mas que, ao mesmo tempo, *podemos* nos lembrar de nós mesmos, se fizermos esforços suficientes e de maneira adequada.

Não podemos tornar-nos conscientes à vontade, no momento em que o desejamos, porque não somos senhores de nossos estados de consciência. Mas *podemos lembrar-nos de nós mesmos* à vontade, por um curto momento, porque, até certo ponto, comandamos nossos pensamentos. E, se começarmos a nos lembrar de nós mesmos, dando a nossos pensamentos uma forma especial, isto é, vendo que não nos lembramos de nós mesmos, que ninguém se lembra de si mesmo e compreendendo tudo o que isto significa, eis aí o que nos levará até à consciência.

Deverão recordar que encontramos o ponto fraco nos muros de nossa mecanicidade. Esse ponto fraco é o fato de saber que não nos lembramos de nós mesmos e de compreender que podemos tratar de lembrar-nos de nós mesmos. Até o presente, nosso único propósito foi o estudo de si. Agora, com a compreensão da necessidade de uma mudança real em nós mesmos, o trabalho começa.

Mais adiante aprenderão que a prática da lembrança de si, ligada à observação de si e à luta contra a imaginação, tem, não só uma significação psicológica, mas modifica a parte mais sutil do nosso metabolismo e produz, em nosso corpo, efeitos químicos definidos — talvez fosse melhor dizer efeitos alquímicos. De maneira que, partindo da psicologia, chegamos hoje à alquimia, isto é, à idéia de transformação de elementos grosseiros em elementos sutis.

QUINTA CONFERÊNCIA

Para aprofundar nosso estudo do desenvolvimento possível do homem, resta-nos estabelecer um ponto muito importante.

Dois aspectos devem ser desenvolvidos no homem; dito de outro modo, seu desenvolvimento deve efetuar-se simultaneamente em duas linhas.

Esses dois aspectos ou essas duas linhas de desenvolvimento do homem são o *saber* e o *ser*.

Já falei sobre a necessidade do desenvolvimento do saber e, sobretudo, do saber relativo ao conhecimento de si, dado que um dos traços mais característicos do estado atual do homem é que *ele não se conhece*.

Em geral, compreende-se a idéia de diferentes níveis de saber e a idéia da relatividade do saber; compreende-se a necessidade de um saber completamente novo.

O que não se compreende, na maioria dos casos, é a idéia de que o *ser* é totalmente distinto do saber, como também não se compreende a idéia da relatividade do ser, da possibilidade de diferentes níveis de ser, nem a necessidade de um desenvolvimento do ser, totalmente independente do desenvolvimento do saber.

Um filósofo russo, Vladimir Solovieff, emprega o termo "ser" em seus escritos. Fala do ser de uma pedra, do ser de uma planta, do ser de um animal, do ser de um homem e do ser divino.

É melhor do que o conceito ordinário, porque, na compreensão comum, o ser de um homem é considerado como não diferindo de modo algum do ser de uma pedra, de uma planta ou de um animal. Do ponto de vista comum, uma pedra, uma planta ou um animal *são* ou *existem*, exatamente como um homem *é* ou *existe*. Na realidade, existem de maneira totalmente diferente. Mas a divisão que Solovieff faz não é suficiente. Não há nada que corresponda ao *ser de um homem*, porque há demasiadas diferenças entre os homens. Já disse que, do ponto de vista deste ensinamento, o conceito "homem" está dividido em sete conceitos: o homem n.º 1, o homem n.º 2, o homem n.º 3, o homem n.º 4, o homem n.º 5, o homem n.º 6 e o homem n.º 7. O que equivale a sete graus ou categorias de seres: o ser n.º 1, o ser n.º 2, o ser n.º 3, e assim por diante. Conhecemos, ademais, divisões mais sutis. Sabemos que os homens n.º 1 podem ser muito diferentes uns dos outros e o mesmo pode-se dizer dos homens n.º 2 e n.º 3. Podem viver inteiramente sob as influências A. Podem sofrer a ação tanto das influências B como das influências A. Podem estar mais submetidos às influências B do que às influências A. Podem ter um centro magnético. Podem ter entrado em contato com a influência de uma escola ou influência C. Podem estar a caminho de se tornarem homens n.º 4. Todas essas categorias representam diferentes níveis de ser.

A idéia do ser estava no próprio âmago da concepção religiosa do homem e todas as demais classificações do homem eram consideradas de pouca importância em comparação com essa. Os homens eram divididos, de um lado, em descrentes, infiéis ou heréticos e, de outro, em verdadeiros crentes, justos, santos, profetas, e assim por diante. Todas essas definições visavam não a diferenças de pontos de vista e de convicções, isto é, *não ao saber, mas ao ser*.

No pensamento moderno, ignora-se tudo sobre a idéia do ser e dos diferentes níveis de ser. Ao contrário, imagina-se que, quanto mais divergências e contradições houver no ser de um homem, mais brilhante e interessante ele poderá ser. Admite-se, em geral, embora tácita — e às vezes até abertamente — que um homem pode viver na mentira, que pode ser egoísta, covarde, extravagante, perverso, sem que isso o impeça de ser um grande sábio, um grande filósofo ou um grande artista. Evidentemente, isso é impossível. Com efeito, embora essa incompatibilidade dos diferentes traços de um único e mesmo ser seja geralmente considerada originalidade, é apenas uma fraqueza. Não é possível ser um grande pensador ou um grande artista, com um espírito perverso ou incoerente, como também não se pode ser um boxeador profissional ou um atleta de circo sendo tuberculoso. A difusão dessa idéia de que a incoerência e a amoralidade seriam sinais de originalidade é responsável por numerosas charlatanices científicas, artísticas ou religiosas de nosso tempo e, possívelmente, de todos os tempos.

É necessário compreender claramente o que significa o *ser* e por que deve crescer e desenvolver-se paralelamente ao saber, embora permaneça independente.

Se o saber prevalece sobre o ser ou o ser sobre o saber, disso sempre resultará um desenvolvimento unilateral e esse desenvolvimento não poderá ir muito longe. Deve fatalmente conduzir a uma grave contradição interior e deter-se aí.

Um dia, talvez, falaremos das diferentes espécies de desenvolvimento unilateral e de seus resultados. Na vida corrente, o único caso que encontramos é aquele em que o saber prevalece sobre o ser. O resultado toma a forma de uma dogmatização de certas idéias; a partir daí, qualquer desenvolvimento ulterior do saber torna-se impossível, devido à perda da compreensão.

Agora falarei da compreensão.

Mas o que é a compreensão?

Tratem de fazer-se essa pergunta e verão que não podem respondê-la. Até agora, sempre confundiram *compreender* com *saber* ou possuir informações. Mas, saber e compreender são duas coisas completamente diferentes e vocês devem aprender a distingui-las.

Para compreender uma coisa, vocês devem ver a sua relação com qualquer objeto mais vasto ou com um conjunto maior, bem como as conseqüências dessa relação. A compreensão é sempre a compreensão de um problema restrito *em sua relação com um problema mais vasto*.

Suponham, por exemplo, que eu lhes mostre um antigo rublo russo de prata. Essa era uma moeda antiga do tamanho de uma moeda atual inglesa de meia coroa, valendo entretanto cerca de dois *shillings*. Podem olhá-la, estudá-la, ver em que ano foi cunhada, descobrir tudo o que se refere ao tzar cuja efígie aparece numa das faces, podem pesá-la, podem até fazer-lhe a análise química e calcular o teor exato de prata que contém. Podem aprender o que quer dizer a palavra "rublo" e como seu uso se generalizou; podem, sem dúvida, aprender tudo isso e muitas outras coisas, *mas não compreenderão jamais este rublo, nem sua significação,* enquanto ignorarem que, antes da primeira guerra mundial, seu poder aquisitivo correspondia a mais ou menos uma libra inglesa de hoje e que o poder aquisitivo do rublo, dinheiro da Rússia bolchevista, antes do seu desaparecimento, era apenas de um *shilling* e meio. Se fizerem essa descoberta, talvez *compreendam* algo deste rublo, e talvez de outras coisas mais, pois a compreensão de uma coisa leva, em seguida, à compreensão de muitas outras.

Crê-se, com freqüência, que compreender quer dizer encontrar um nome, uma expressão, um título ou um rótulo para um fenômeno novo ou inesperado. O fato de achar ou de inventar palavras para coisas incompreensíveis nada tem a ver com compreensão. Ao contrário, se pudéssemos nos desembaraçar da metade de nossas palavras, talvez tivéssemos mais chances de adquirir certa compreensão.

Se nos perguntarmos o que significa compreender ou não compreender um homem, ser-nos-á necessário, primeiramente, considerar o caso em que nos encontramos na impossibilidade de falar-lhe em sua própria língua. É óbvio que dois homens que não falam a mesma língua não se compreenderão um ao outro. Devem ter uma linguagem comum ou entender-se com relação a certos sinais ou símbolos pelos quais designarão as coisas. Suponham, agora, que no decurso de uma conversação, não estejam de acordo com seu interlocutor quanto ao sentido de certas palavras, sinais ou símbolos; cessarão novamente de se compreender.

De onde decorre o seguinte princípio: *não se pode compreender sem estar de acordo.* Na conversação corrente, dizemos freqüentemente: compreendo-o, mas não estou de acordo com ele. Sob o ponto de vista do ensinamento que estudamos, isso é impossível. Se compreendem um homem, estão de acordo com ele; se não estão de acordo com ele, não o compreendem.

É difícil aceitar essa idéia; isso significa que é difícil compreendê-la.

Como acabo de dizer, há dois lados do homem que devem ser desenvolvidos durante o curso normal de sua evolução: o saber e o ser. Mas nem o saber nem o ser podem imobilizar-se ou permanecer no mesmo estado. Se um deles não cresce e não se fortalece, diminui e se enfraquece.

A compreensão é, de certo modo, a *média aritmética* entre o saber e o ser. E isso mostra a necessidade de um crescimento simultâneo do saber e do ser. Se um dos dois diminui enquanto o outro aumenta, isso não altera a média aritmética.

Essa idéia permite ainda explicar por que "compreender" significa "estar de acordo". Para que se compreendam, dois homens devem não só possuir um saber igual, mas é-lhes, também, necessário um ser igual. Só então é que será possível uma compreensão mútua.

Outra idéia falsa, particularmente difundida em nossa época, é a de que a compreensão pode ser diferente, a de que qualquer um de nós *pode* compreender, isto é, tem o direito de compreender uma única e mesma coisa de maneira diferente.

Do ponto de vista deste ensinamento, nada é mais falso. Não pode haver diferentes compreensões. Só pode haver *uma única* compreensão; o resto é incompreensão ou compreensão incompleta.

Entretanto, as pessoas pensam comumente que compreendem as coisas de maneira diferente. Podemos ver exemplos disso todos os dias. Como explicar essa aparente contradição?

Na realidade, não há aí contradição alguma. Compreender uma coisa significa compreendê-la enquanto parte, em sua relação com o todo. Mas a idéia de *todo* pode ser muito diferente para as pessoas, segundo seu saber e seu ser. Eis por que também, nesse ponto, o ensinamento é necessário. Aprende-se a compreender, compreendendo este ensinamento e todas as coisas que com ele se relacionam.

Mas, para falar no plano ordinário, pondo de lado toda idéia de escola ou de ensinamento, temos que admitir que há tantas maneiras de compreender quantos são os homens. Cada um compreende cada coisa à sua maneira, segundo suas rotinas ou hábitos mecânicos, mas trata-se aí apenas de uma compreensão completamente subjetiva, totalmente relativa. O caminho que conduz à compreensão objetiva passa pelo ensinamento das escolas e pela mudança de ser.

A fim de explicar este último ponto, devo voltar à divisão do homem em sete categorias.

Devem compreender que há uma grande diferença entre os homens n.ºs 1, 2 e 3, por um lado, e os homens das categorias superiores, por outro. Na realidade, essa diferença é muito maior do que podemos imaginar — tão grande que, desse ponto de vista, pode-se considerar a vida dividida em dois círculos concêntricos: o círculo interior e o círculo exterior da humanidade.

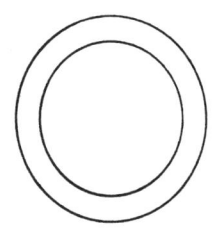

Ao círculo interior pertencem os homens n.ºs 5, 6 e 7; ao círculo exterior, os homens n.ºs 1, 2 e 3. Os homens n.º 4 estão no umbral do círculo interior, isto é, entre os dois círculos.

Por sua vez, o círculo interior divide-se em três círculos concêntricos: o mais interior é o dos homens n.º 7; o intermediário, o dos homens n.º 6; o mais exterior, o dos homens n.º 5.

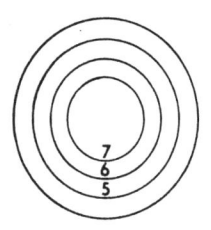

Essa divisão não nos diz respeito no momento. Para nós, os três círculos formam apenas um.

O círculo exterior, no qual vivemos, tem vários nomes que designam seus diferentes aspectos. É chamado *círculo mecânico*, porque nele tudo *acontece*, tudo nele é *mecânico* e porque os homens que nele vivem são *máquinas*. É também chamado *círculo da confusão das línguas*, porque aqueles que vivem nesse círculo falam *todos* línguas diferentes e *nunca se compreendem*. Cada um compreende a coisa à sua maneira.

Isso nos leva a uma definição muito interessante da compreensão: a compreensão é uma coisa que pertence ao círculo interior da humanidade e não nos pertence de modo algum.

Se certos homens do círculo exterior se dão conta de que não se compreendem uns aos outros e se sentem a necessidade de se compreender, devem tentar penetrar no círculo interior, pois só ali há possibilidade de compreensão mútua.

As diferentes espécies de escolas servem de portas pelas quais os homens podem passar para o círculo interior. Penetrar, porém, num círculo superior àquele no qual nasceu, exige do homem um trabalho longo e difícil. O primeiro passo nesse trabalho é o estudo de uma nova linguagem.

"E que linguagem é essa que estudamos?", perguntarão.

Agora, posso responder-lhes.

É a linguagem do círculo interior, a linguagem por meio da qual os homens podem compreender-se uns aos outros.

Devemos dar-nos conta de que, estando fora do círculo interior, só podemos apreender os rudimentos dessa linguagem. Mas já esses rudimentos nos ajudarão a compreender-nos uns aos outros melhor do que poderíamos fazê-lo na falta deles.

Cada um dos três círculos interiores tem sua linguagem própria. Estudamos atualmente a linguagem do mais exterior desses círculos interiores. Aqueles que pertencem a esse círculo estudam a linguagem do círculo intermediário, e aqueles que pertencem ao círculo intermediário estudam a linguagem do círculo mais interior.

Se me perguntarem como se pode provar tudo isso, responder-lhes-ei que isso só poderá ser provado pelo prosseguimento do estudo de si mesmo e da observação de si. Se descobrirmos que o estudo deste ensinamento nos permite compreender-nos e compreender os outros ou ainda certos livros ou certas idéias, *melhor* do que podíamos fazê-lo antes e, em particular, se descobrirmos certos fatos precisos que testemunhem o desenvolvimento de nossa nova compreensão, isto será, senão uma prova, pelo menos um sinal de possibilidade de prova.

Não devemos esquecer que, do mesmo modo que nossa consciência, nossa compreensão não está sempre no mesmo nível. Eleva-se ou baixa continuamente. Isso quer dizer que, em dado momento, compreendemos melhor e que, em outro, compreendemos menos bem. Se notarmos em nós mesmos essas diferenças de compreensão, estaremos em condição de compreender que há, realmente, uma possibilidade primeiro de se manter nesses níveis superiores de compreensão e, depois, de ultrapassá-los.

Um estudo teórico, porém, não basta. Devem trabalhar sobre seu ser, trabalhar para mudar seu ser.

Se puderem definir sua meta como um desejo de compreender os outros, deverão lembrar-se de um princípio fundamental das escolas: só poderão compreender os outros na medida em que se compreenderem a si mesmos, e *somente no nível de seu próprio ser.*

Isso significa que poderão julgar o saber dos outros, mas não poderão julgar o seu ser. Só poderão ver neles aquilo que já viram em si mesmos. Mas sempre cometemos o erro de crer que podemos julgar o ser dos outros. Na realidade, se desejarmos entrar em contato com homens mais desenvolvidos que nós e *compreendê-los,* deveremos trabalhar para mudar nosso ser.

Devemos voltar agora ao estudo dos centros, assim como ao estudo da atenção e da lembrança de si, *pois são os únicos caminhos que levam à compreensão.*

Afora a divisão em duas partes, positiva e negativa, — que, como vimos, não é a mesma nos diferentes centros — cada um dos quatro centros é dividido em três partes. Correspondem essas três partes à própria divisão dos centros entre si. A primeira parte é "mecânica" e inclui os princípios instintivo e motor, com ou sem predominância de um deles; a segunda é "emocional" e a terceira "intelectual".

O diagrama seguinte indica a posição dessas partes no centro intelectual:

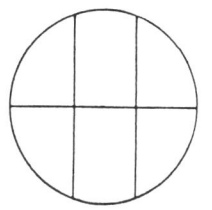

O centro intelectual está dividido em duas partes, positiva e negativa, e cada uma delas se divide em três partes. Assim, pois, o centro comporta, de fato, seis partes.

Cada uma dessas seis partes subdivide-se, por sua vez, em três: mecânica, emocional e intelectual. Só falaremos, porém, dessas subdivisões mais tarde, com exceção de uma delas, a parte mecânica do centro intelectual, de que vamos falar agora.

A divisão de um centro em três partes é muito simples. Sua parte mecânica trabalha quase automaticamente; *não exige atenção alguma*, mas, por isso mesmo, não pode adaptar-se às mudanças de circunstâncias, não pode "pensar", continua a trabalhar como começou, mesmo quando as circunstâncias tenham mudado completamente.

No centro intelectual, a parte mecânica compreende todo o trabalho de registro das impressões, das lembranças e das associações. É tudo o que deveria fazer normalmente, isto é, se as outras partes fizessem seu próprio trabalho. Nunca deveria ela *responder* às perguntas que se dirigem ao centro por inteiro, nem tentar resolver os problemas dele e nunca deveria decidir nada. Infelizmente, o fato é que ela está sempre pronta a decidir e responde sempre a toda espécie de perguntas, de maneira muito estreita e muito limitada, com frases feitas, expressões de gíria e chavões políticos. Tudo isso, como muitos outros elementos de nossas reações habituais, constitui o trabalho da parte mecânica do centro intelectual.

Essa parte tem o seu próprio nome. Chama-se "aparelho formatório" ou também "centro formatório". Muitas pessoas, sobretudo entre os homens n.º 1, ou seja, a grande maioria, passam toda a sua vida somente com seu aparelho formatório, sem jamais recorrer às outras partes de seu centro intelectual. Para todas as necessidades imediatas da vida, para receber as influências A e responder a elas e para deformar ou rejeitar as influências C, o aparelho formatório é mais do que suficiente.

É sempre possível reconhecer o pensamento do "centro formatório". Por exemplo, o centro formatório parece poder contar apenas até 2... De fato, ele divide todas as coisas em dois: "bolchevismo e fascismo", "operários e burgueses", "proletários e capitalistas", e assim por diante. Devemos a maioria de nossos "clichês" modernos ao pensamento do centro formatório — e não somente a maioria de nossos "clichês", mas todas as teorias populares modernas. Talvez seja possível dizer que, em todas as épocas, todas as teorias populares provêm do aparelho formatório.

A parte emocional do centro intelectual é constituída principalmente pelas *emoções intelectuais*, ou seja, o desejo de saber, de compreender, a satisfação de saber, o descontentamento por não saber, o prazer da descoberta, e assim por diante, embora todas essas emoções também possam manifestar-se em níveis muito diferentes.

O trabalho da parte emocional exige atenção plena, mas nesta parte do centro, *a atenção não exige esforço algum*. É atraída e retida pelo próprio assunto, freqüentemente sob o efeito de uma identificação que se designa habitualmente pelo nome de "interesse", "entusiasmo", "paixão" ou "devoção".

A parte intelectual do centro intelectual comporta a faculdade de criar, construir, inventar, descobrir. Não pode trabalhar sem atenção, *mas a atenção, nessa parte do centro, deve ser controlada e mantida pela vontade e pelo esforço.*

Este será nosso critério principal no estudo das diferentes partes dos centros. Se as considerarmos do ponto de vista da *atenção*, saberemos imediatamente em que parte dos centros nos encontramos. Sem atenção ou com uma atenção errante, estamos na parte mecânica; com uma atenção atraída e retida pelo assunto da observação ou da reflexão, estamos na parte emocional; com uma atenção controlada e mantida sobre um assunto por meio da vontade, estamos na parte intelectual.

Ao mesmo tempo, esse método mostra como fazer trabalhar as partes intelectuais dos centros. Observando a atenção e tentando controlá-la, obrigamo-nos a trabalhar nas partes intelectuais dos centros, pois o mesmo princípio se aplica igualmente a todos os centros, embora talvez não nos seja fácil distinguir as partes intelectuais nos outros centros — e especialmente no centro instintivo, cuja parte intelectual não exige, para seu trabalho, nenhuma atenção que possamos perceber ou controlar.

Tomemos o centro emocional. Deixarei de lado, por enquanto, as emoções negativas. Só nos ocuparemos da divisão do centro em três partes: mecânica, emocional e intelectual.

A parte *mecânica* compreende o humorismo barato, os gracejos estereotipados, o sentido de comicidade mais grosseiro, o gosto da excitação, o amor aos espetáculos "sensacionais", aos desfiles, ao sentimentalismo, o prazer de encontrar-se numa multidão, de fazer parte de uma multidão, a atração pelas emoções coletivas de todas as espécies, a tendência a afundar por completo nas emoções mais baixas, meio animais: crueldade, egoísmo, covardia, inveja, ciúme, etc.

A parte *emocional* pode ser muito diferente segundo as pessoas. Pode comportar o senso do humor ou o senso do cômico, bem como a emoção religiosa, a emoção estética, a emoção moral, e, nesse caso, pode levar ao despertar da *consciência moral*. Mas, com a identificação, pode converter-se em algo muito diferente; pode ser muito irônica, zombeteira, sarcástica, pode ser má, obstinada, cruel e ciumenta, embora de maneira menos primitiva que a parte mecânica.

A parte *intelectual* do centro emocional (com a ajuda das partes intelectuais dos centros motor e instintivo), detém o poder de criação artística. No caso das partes intelectuais dos centros motor e instintivo, necessárias à manifestação da faculdade criadora, não estarem bastante educadas ou não lhe corresponderem em seu desenvolvimento, esta faculdade pode manifestar-se nos sonhos. Isso explica a beleza, às vezes maravilhosa, dos sonhos de certas pessoas que, por outro lado, não são nada artistas.

A parte intelectual do centro emocional é também a sede principal do centro magnético. Quero dizer que, se o centro magnético só existir no centro intelectual ou na parte emocional do centro emocional, não será bastante forte para que sua ação seja efetiva e será sempre suscetível de cometer erros ou de fracassar. Mas a parte intelectual do centro emocional, quando está plenamente desenvolvida e trabalha com toda a sua potência, é um caminho para os centros superiores.

No centro motor, a parte mecânica é automática. Todos os movimentos automáticos que, na linguagem corrente são chamados "instintivos", lhe pertencem, assim como a imitação e a capacidade de imitação, que tão grande papel desempenha na vida.

A parte emocional do centro motor corresponde, sobretudo, ao prazer do movimento. A paixão pelos jogos e pelos esportes normalmente deveria depender desta parte do centro motor, mas, quando a identificação ou outras emoções se mesclam com ela, é raro que ocorra assim e, na maioria dos casos, a paixão pelos esportes encontra-se na parte motora do centro intelectual ou do centro emocional.

A parte intelectual do centro motor é um instrumento muito importante e muito interessante. Quem tenha tido ocasião de fazer *bem* um trabalho físico, não importa qual, sabe que cada espécie de trabalho exige muita *invenção*. Devemos *inventar* nossos pequenos métodos próprios para tudo o que fazemos. Tais inventos são o trabalho da parte intelectual do centro motor, como o são muitas outras invenções do homem. O poder que os atores possuem de imitar "à vontade" a voz, as entonações e os gestos dos outros, provém também da parte intelectual do centro motor; mas, quando esse poder de imitação atinge um grau superior, exige ao mesmo tempo o trabalho da parte intelectual do centro emocional.

O trabalho do centro instintivo permanece, para nós, muito obscuro. Realmente, só conhecemos — quero dizer: só sentimos e só podemos observar — sua parte sensorial e emocional.

Sua parte mecânica compreende as sensações habituais que, com freqüência, não notamos em absoluto, mas que servem de base às outras sensações; compreende, também, os *movimentos instintivos*, no sentido correto da expressão, isto é, todos os movimentos internos, tais como os da circulação do sangue, da digestão, e os reflexos internos e externos.

A parte intelectual ocupa um lugar muito grande e muito importante. No estado de consciência de si ou quando dele se está próximo, pode-se entrar em contato com a parte intelectual do centro instintivo e colher, assim, muitos dados sobre o funcionamento da máquina e sobre suas possibilidades. A parte intelectual do centro instintivo aparece como um cérebro por trás de todo o trabalho do organismo, um cérebro que nada tem em comum com o do centro intelectual.

O estudo das partes dos centros e de suas funções específicas exige um certo grau de lembrança de si. Sem se lembrar de si mesmo, não se pode observar durante tempo bastante longo ou com bastante clareza para sentir e compreender a diferença entre as funções provenientes das diversas partes dos diferentes centros.

O estudo da atenção, melhor que qualquer outra coisa, revela as partes dos centros, mas o estudo da atenção exige, por seu turno, um certo grau de lembrança de si.

Cedo compreenderão que todo o seu trabalho sobre si mesmos depende da lembrança de si e que, sem ela, ele não pode fazer nenhum progresso. E a lembrança de si é um *despertar parcial* ou o começo de um despertar. Naturalmente — e isso deve ficar muito claro — *nenhum trabalho pode ser feito no sono*

Impresso por:

Graphium
gráfica e editora

Tel.:11 2769-9056